WEINE DER NEUEN WELT

MAX ALLEN · TIM ATKIN · MICHAEL COOPER
RICHARD NEILL · JOHN PLATTER
BRIAN ST. PIERRE

WEINE DER NEUEN WELT

AUSTRALIEN · NEUSEELAND · SÜDAFRIKA · NORD- UND SÜDAMERIKA

HALLWAG VERLAG BERN UND STUTTGART

Die englische Originalausgabe ist 1997 unter dem Titel NEW WORLD OF WINE im Verlag Mitchell Beazley, einem Imprint der Verlagsgruppe Reed International Books Limited, London–Auckland–Melbourne, erschienen.

Commissioning editor: Sue Jamieson
Executive Art Editor: Fione Knowles
Panoramic photographs: Hendrick Holler/Root Stock
Cartography: Hardlines
Additional text: Susy Atkins, Marguerite Thomas
Picture Research: Claire Gouldstone

Übersetzung aus dem Englischen: Wolfgang Kissel
Lektorat: Eva Meyer
Umschlaggestaltung: Robert Buchmüller
Satz: Utesch GmbH, Hamburg
Printed and bound by Toppan Printing Company, China

ISBN 3-444-10520-7

Hallwag

Inhalt

Die Autoren

Max Allen

ist einer der interessantesten Weinpublizisten Australiens und hat soeben sein erstes Weinbuch, *Red and White*, fertiggestellt. In seiner Heimat England arbeitete er im Weinhandel, übersiedelte dann nach Australien und hat sich dort seither als einer der frischesten Publizisten, Lehrer und Berater für Weinbaufragen einen Namen gemacht. Er schreibt in Australien regelmäßig für die *Epicure*-Beilage der Zeitung *The Age* und die Zeitschriften *Divine* und *Hotel* sowie in England für die Zeitschrift *Wine*.

Tim Atkin

Weinkolumnist der Tageszeitung *The Observer*, hat für seine Tätigkeit bereits viele Auszeichnungen erhalten, u. a. den Glenfiddich Drinks Writer Award (1988, 1990, 1993) und den UK Wine Guild's Wine Correspondent Award (1991, 1992, 1994, 1996). Er schreibt auch für *Wine, Saveur* und *Harpers* und ist Autor von zwei Weinbüchern: *Chardonnay* und *Vin de Pays d'Oc*. Für seine Recherchen unternimmt er weite Reisen; sein besonderes Interesse gilt dem Wein der Neuen Welt. In unserem Buch hat er den Einleitungsteil sowie den Abschnitt «Argentinien und andere Länder Südamerikas» verfaßt.

Michael Cooper

ist der gefeiertste Weinpublizist Neuseelands und Autor mehrerer Weinbücher, u. a. *The Wines and Vineyards of New Zealand* und *Michael Cooper's Buyer's Guide to New Zealand Wines*. Er ist Weinkolumnist der Zeitschriften *North and South* und *Liquor Link* sowie der neuseeländische Herausgeber der australischen Zeitschrift *Winestate*.

John Platter

ist als führende Weinautorität Südafrikas anerkannt; er ist Autor des international angesehenen *South African Wine Guide*, eines inzwischen achtzehnmal erschienenen Jahrbuchs über den Wein, die Weinerzeuger und die Weinbaugebiete Südafrikas. Überdies erzeugt er Chardonnay in seinem eigenen Weingut bei Stellenbosch.

Richard Neill

vertauschte vorübergehend die Weinpublizistik in England mit der Weinerzeugung in Chile als Mitarbeiter der Kellerei Santa Carolina und durchforschte die übrigen Weinbauregionen Südamerikas. Jetzt betätigt er sich wieder in England als Weinkorrespondent für den *Daily Telegraph* und mit regelmäßigen Beiträgen im *Decanter, Esquire* und *Time Out Eating and Drinking Guide.*

Brian St. Pierre

ehemaliger Leiter des California Wine Institute, lebt heute in England als freiberuflicher Publizist und veröffentlicht hier regelmäßig Beiträge im *Decanter* sowie in den USA im *San Francisco Chronicle* und in der Zeitschrift *Gourmet.* Ferner ist er Autor mehrerer Bücher über Wein und gutes Essen, u. a. *A Perfect Glass of Wine.*

Weitere Autoren

Der Verlag dankt ferner den Weinpublizistinnen Marguerite Thomas und Susy Atkins, die für die Abschnitte New York bzw. Kanada verantwortlich zeichnen.

△
Aus dem Henschke Vineyard im Barossa Valley in Südaustralien kommen seit über 125 Jahren exzellente Shiraz-Weine.

Einführung

Was haben ein spanischer Conquistador, die niederländische Ostindische Kompanie, die britische Erste Flotte, ein Missionar und eine Eisenbahngesellschaft gemeinsam? Sie alle spielten eine Rolle bei der Entstehung des Weinbaus in der Neuen Welt. Hernán Cortés pflanzte 1522 die ersten Reben in Mexiko, holländische Siedler brachten 1655 den Weinbau in die Kapkolonie, Captain Arthur Phillip, der erste Gouverneur von Neusüdwales, versuchte es 1788 in Sydney Cove mit ein paar Rebenstecklingen, Samuel Marsden zog 1819 mit Weinreben und einem Gebetbuch von Australien nach Neuseeland, und schließlich bedeutete die Fertigstellung der Eisenbahnlinie von Buenos Aires nach Mendoza im Jahr 1885 den Wendepunkt für den Weinbau Argentiniens.

Oft sehen wir die Neue Welt als einen Schmelztiegel modischer Ideen, doch der Weinbau hat dort schon eine lange Geschichte. Regionen wie Constantia in Südafrika und Baja California in Mexiko besitzen altehrwürdige Weintraditionen. Die Rebsorten País in Chile, Criolla in Argentinien und Mission in Kalifornien sind allesamt Nachfahren einer von den Conquistadores mitgebrachten Traube.

Dennoch, im Vergleich mit den Weinbauländern der Alten Welt, vor allem des Mittelmeerraums, wo die Weinrebe seit der Antike kultiviert wird, sind Australien, Neuseeland, Südafrika und Nord- und Südamerika in Sachen Wein reine Parvenüs. Zudem tragen sie alle den Stempel ihrer europäischen Abstammung, auch wenn sie inzwischen ganz eigenständige Spezialitäten entwickelt haben.

Es war also ein Zusammenwirken von Eroberung, Auswanderung und Entdeckergeist, das der europäischen Weinrebe von den Häfen Portsmouth, Amsterdam und Sevilla aus den Weg in die Länder der Neuen Welt bahnte, die nach und nach von weinbauenden europäischen Siedlern kolonisiert wurden. Die meisten Länder, um die es hier geht, liegen in der südlichen Hemisphäre. Eine Ausnahme macht Nordamerika, wo sich viele Weinerzeuger eher mit Frankreich und Italien als mit Austra-

lien oder Südafrika verbunden fühlen. «Beaune in den USA», der scherzhafte Beiname der Saintsbury Winery im Napa Valley, hat auch eine eher ernsthafte Seite.

Eigentlich war es ja Kalifornien, das den Weinboom der Neuen Welt ins Leben rief. Als Robert Mondavi 1966 seine attraktive Napa Valley Winery mit Probierraum und einem Innenhof im Kolonialstil errichtete, war dies der erste Bau dieser Art seit den finsteren Tagen der Prohibition. Zwar hatte die Neue Welt noch weitere Pioniere – bei Penfolds in Australien produzierte Max Schubert seit den frühen 1950er Jahren entgegen verbreiteter Kritik den Grange Hermitage, und bei Beaulieu im Napa Valley brachte André Tchelistcheff herrliche Cabernet Sauvignons hervor –, doch Mondavis neue Unternehmung war für das Selbstbewußtsein des Weinbaus der Neuen Welt entscheidend. Sein erfolgreicher erster Cabernet Sauvignon und sein faßvergorener Sauvignon Blanc in neuem Stil, der Fumé Blanc, setzten neue Maßstäbe für Kalifornien.

Andere Weinerzeuger folgten Mondavis Beispiel, so Ric Forman bei Sterling, Warren Winiarski bei Stag's Leap, Mike Grgich bei Château Montelena, Dick Graff bei Chalone, Paul Draper bei Ridge, Joe Heitz bei Heitz Wine Cellars sowie der aus Frankreich zugewanderte Bernard Portet bei Clos du Val. Kalifornien steckte sich nun höhere Ziele. Anstatt die Herkunft ihrer Weine schamhaft zu verbergen, war die neue Schule der kalifornischen Weinerzeuger offen stolz auf sie.

Dieser Stolz sah sich im Mai 1976 voll gerechtfertigt, als bei einer von Steven Spurrier in Paris veranstalteten Blindverkostung eine Gruppe kalifornischer Weine gegen einige der feinsten Gewächse aus Bordeaux und Burgund antrat. Die weitgehend aus Franzosen bestehende Jury kürte zwei kalifornische Weine, einen Chardonnay von Château Montelena und einen Cabernet von Stag's Leap, als Sieger. *Time Magazine* sprach vom «Urteil des Paris». Ganz plötzlich schien die Neue Welt keinen Grund mehr für Minderwertigkeitskomplexe zu haben.

Als nächstes nahm Australien den Fehdehandschuh auf. Bis in die 1970er Jahre wurden im Land der Känguruhs mehr aufgespritete als Tischweine produziert, und es wurde mehr Bier als Wein getrunken. Dann aber machte sich Australien daran, die

△
Strahlend gelbe Senfblüte setzt im Beckstoffer Vineyard in Oakville, Napa, einen lebhaften Farbakzent.

Weinstile der Neuen Welt umzugestalten. Die neue Rasse australischer Weine – kraftvoller, fruchtiger und vordergründiger als viele kalifornische – wandte sich an ein Massenpublikum und tat sich etwas darauf zugute, französische Vorbilder nicht nachzuahmen. Australien bemächtigte sich des kalifornischen Weinstils und trieb ihn auf die Spitze: mehr Eichenholz, mehr Alkohol, mehr Geschmacksintensität.

Wie in Kalifornien war nur zweierlei wichtig: der Erzeuger und die Rebsorte. Die «Varietals» (rein von einer Rebsorte produzierte und nach ihr benannte Weine) machten das oft schwierige Auswählen und Bestellen einfach. «Australian Chardonnay» wurde zum Inbegriff des modernen Weins aus der Neuen Welt – der Name leicht zu behalten, der Wein preiswert und süffig. Bedenkt man, daß es in Südaustralien, dem bedeutendsten Weinbauland des Kontinents, überhaupt keinen Chardonnay gab, bis David Wynn von Mountadam ihn 1972 erstmals pflanzte, dann kann man ermessen, mit welchem Tempo sich der australische Weinbau entwickelt hat.

Seither sind Australiens Chardonnays subtiler geworden, und die Erschließung von Weinbauregionen in kühlerem Klima, z.B. Coonawarra, Adelaide Hills und Yarra Valley, ermöglicht eine viel breitere Weinpalette als früher. Auch wurden die ursprünglich eigenen Weinstile wiederentdeckt: Barossa Valley Shiraz, Hunter Valley Sémillon und die herrlichen alkoholangereicherten Weine von Rutherglen.

Weiterhin aber prägen Anpassungsfähigkeit und das Streben nach Verbraucherfreundlichkeit den australischen Weinbau. Der Schwerpunkt liegt nach wie vor auf geschmacksintensiven, süffigen Weinen. Kalifornien hat sich auf einen ähnlichen Weg begeben. Nach einem Flirt mit strengen, tanninherben, für lange Flaschenreife gedachten Rotweinen nach der Art von Bordeaux hat neuerdings eine Annäherung an den fruchtbetonten Stil der Neuen Welt stattgefunden. Die Weine von Ridge, die in jedem Entwicklungsstadium schmecken, sowie die immer eindrucksvolleren Pinot Noirs beispielsweise von Au Bon Climat, Acacia und Rochioli und die vielen einfallsreichen Erzeugnisse von Bonny Doon geben diesen Trend gut wieder.

Andere Länder der Neuen Welt haben am Beispiel Australiens und Kaliforniens gelernt. Neuseeland hat sich eine weltweite Anhängerschaft für einen bestimmten

Weinstil geschaffen: den pikant grasigen Marlborough Sauvignon Blanc, den ein witziger Kopf einmal als «Bungee-Jump in einen Stachelbeerbusch» bezeichnet hat. Durch brillantes Marketing verlieh Cloudy Bay mit seinem Sauvignon Blanc der Traube von der Loire neuen Sinngehalt und damit ebenfalls einem Stil aus der Alten Welt neue Blüte. Das bedeutet aber durchaus nicht, daß Neuseeland nur eine Rebsorte kenne. Das Land des weißen Wolkenschleiers wächst rasch zu einem der besten Erzeugungsgebiete von Pinot Noir, Chardonnay und Schaumwein in der Neuen Welt heran.

Chile, Südafrika und Argentinien haben bislang noch nicht soviel Erfolg wie Kalifornien und Australien, obwohl alle drei Länder weit mehr Wein produzieren als Neuseeland. Bis noch vor kurzem waren Chile und Argentinien mit altväterischen Weinen für den heimischen Geschmack zufrieden, und erst der Rückgang des Inlandsverbrauchs hat zum Umdenken gezwungen. In Südafrika behinderten die politischen Verhältnisse und eine strenge Zentralisierung bis in die frühen 1990er Jahre jeden Wandel.

Doch es gibt in allen drei Ländern ermutigende Anzeichen. Chile empfiehlt sich erneut als Quelle eleganter, frisch konturierter Weißweine und feingemaserter Merlots. Argentinien macht sich bereit, mit besten Rebsorten aus Frankreich, Italien und Spanien den Weltweinmarkt zu erstürmen. Und Südafrika taucht allmählich aus der Apartheid-Ära auf und bildet mit Pinotage als seiner stärksten Waffe eine ernsthafte Konkurrenz für die Vorherrschaft Australiens.

Was haben die Länder der Neuen Welt gemeinsam? Es ja ist nicht ohne weiteres einzusehen, daß ein neuseeländischer Sauvignon Blanc, ein argentinischer Malbec, ein chilenischer Chardonnay, ein kalifornischer Zinfandel, ein australischer Shiraz und ein südafrikanischer Chenin Blanc aus demselben Taubenschlag stammen sollen. Übrigens bringen viele Erzeuger inzwischen auch Verschnitte aus mehreren Rebsorten heraus und stellen sich damit gegen die Grundidee «einfach ist am besten». Dennoch sind alle diese Weine durch zweierlei geprägt: Geschmacksfülle und Zugänglichkeit. Vor allem dies ist es, was den Stil der Neuen Welt ausmacht.

△
Steile Weinbergterrassen vor der Kulisse des Paarl Mountain in Südafrika.

Moderner Weinbau

▽

Schimmernde Edelstahlgärtanks in der Vergelegen Winery in Südafrika: 1700 gegründet, heute auf modernstem Stand.

Der Weinberg

△

Links: Pinotage, eine Kreuzung Pinot Noir x Cinsaut. Rechts: Rebenanpflanzungen in der Neuen Welt sind meist weiträumig angelegt, um maschinelle Bearbeitung zu erleichtern.

«Boden ist Dreck», lautet eine berühmte Bemerkung eines avantgardistischen Kellermeisters aus der Neuen Welt. Damit sollte in der Alten Welt, wo die Einzellagen und ihr Zusammenspiel mit bestimmten Rebsorten mit Ehrfurcht behandelt werden, Stirnrunzeln und Widerspruch aufgereizt werden. Das gelang.

Die hierdurch entzündete Debatte zeigte deutlich die Unterschiede auf, die in den 1980er Jahren noch bestanden. In der Neuen Welt galt: Solange der Weinberg durchlässigen Boden habe und genügend Sonnenschein abbekäme, könne man auf ihm fast jede beliebige Rebsorte pflanzen, alles übrige werde die Kellertechnik richten. Diese Idee widersprach den Vorstellungen der Alten Welt, die daran festhielt, daß ein Wein seine Herkunft – die Franzosen sagen *terroir* – und nicht die Hand des Kellermeisters zum Ausdruck bringen müsse. Das war freilich eine Vereinfachung – es gab in der Neuen Welt Weinerzeuger, die an das glaubten, was Brian Croser von Petaluma in Australien mit dem Begriff «privilegierte Weinberglagen» ausdrückte, und in der Alten Welt gab es wiederum viele, die jede Rebsorte in jeder beliebigen Lage pflanzen wollten. Dennoch hatte der Unterschied allgemeine Gültigkeit.

Heute sind die Einstellungen in der Alten und der Neuen Welt einander erstaunlich nahe. Es gilt überall als anerkannt, daß guter Wein von guten Trauben entsteht und daß kellertechnische Kniffe keinen Ersatz für Mangel an Geschmacksinhalten schaffen kann. Paul Draper von Ridge Vineyards in Kalifornien sagt: «Es gibt Lagen, deren Wein von selbst gut wird.» Wenn die Kellertechnik der Neuen Welt in der Alten große Wirkung getan hat, dann gilt für den Weinberg das Umgekehrte.

Die Neue Welt ist zwar nicht so starr festgelegt wie die Alte, es besteht nach wie vor die Freiheit, Rebsorten ganz nach eigener Wahl zu pflanzen (hieraus erklärt sich zum Teil die Anziehungskraft auf Erzeuger aus Frankreich und Italien), doch es wird zunehmend erkannt, daß gewisse Rebsorten und Regionen zusammenstimmen, so Shiraz und Barossa Valley, Chardonnay und Casablanca, Pinotage und Stellen-

bosch, Cabernet Sauvignon und Napa Valley oder Sauvignon Blanc und Marlborough.

Viele der besten Erzeugerbetriebe haben sich inzwischen der europäischen Ansicht angeschlossen, daß große Weine nur aus ertragsbeschränkten Lagen mit kargem Boden entstehen können. Daher gehen in der Neuen Welt viele in die Berge. Dieser Trend fällt zusammen mit der in Kalifornien gemachten Erfahrung, daß die ihrer hohen Erträge wegen stark verbreitete Veredelungsunterlage AXR1 nicht reblausfest ist.

Freilich bleiben weiterhin Unterschiede zwischen der Alten und der Neuen Welt. Vor allem werden in der Neuen Welt wichtige Arbeiten wie Rebschnitt und Weinlese in größerem Umfang durch Maschinen erledigt, insbesondere dort, wo es auf Kosteneinsparungen ankommt. Europäische Rebflächen sind meist älter und schwieriger zu bearbeiten. Demzufolge ist Mechanisierung seltener, in traditionsverhafteteren Gegenden manchmal sogar unzulässig. In den klassischen Weinbaugebieten der Alten Welt setzen die Winzer in der Regel nach wie vor auf Weinlese und Rebschnitt von Hand und meinen, man könne diese Arbeiten nicht Maschinen überlassen. Ihre Kollegen in der Neuen Welt behaupten meist, die neue Maschinengeneration sei durchaus imstande, zwischen reifen und unreifen Trauben zu unterscheiden oder Reben einwandfrei zu schneiden – nur manche sind gegen den maschinellen Rebschnitt, vor allem wenn es um feine Weine geht.

Aus der Mechanisierung erklärt sich der Aufbau vieler Weinbaubetriebe in der Neuen Welt. Der Abstand zwischen den Weinstöcken und den Rebzeilen ist mit 2 m bzw. 4 m generell größer als in der Alten Welt, wo 1 m auf 1 m üblich ist. Dennoch gibt es auch hier in gewissem Umfang Querbefruchtung.

Manche Weinerzeuger in der Neuen Welt glauben, daß die in Europa übliche höhere Pflanzdichte der Weinqualität zugute kommt, während inzwischen in der Alten Welt bei der Anlage neuer Rebflächen oft schon Mechanisierung eingeplant wird. Das gilt besonders für moderne Betriebe im Languedoc-Roussillon, wo 10% des Weins der Welt wachsen. Die in der Neuen Welt angebauten Rebsorten sind fast

△
Australische Weinlese in großem Maßstab.

△
Frühjahrsbestellung im kühlen Klima von Central Otago, Neuseeland.

ausnahmslos europäischen Ursprungs. Durch langjährige Selektion wurden diejenigen Sorten herausgefunden, die sich am besten anpassen und freilich auch am besten verkaufen. Die Vielzahl an Traubensorten, wie sie in Italien, Spanien und Frankreich besteht, ist in der Neuen Welt stark eingeschränkt, obwohl in Australien und insbesondere Kalifornien von Zeit zu Zeit neue Sorten in Mode kommen.

Der Neuen Welt fehlt auch die Klonenvielfalt der Alten, wo in den besseren Lagen seit Jahrhunderten Entwicklungen und Mutationen geschehen. In manchen Gegenden, so in Oregon (bei Chardonnay), in Australien (bei Pinot Noir) und in Südafrika (bei Chardonnay, Cabernet Sauvignon und so gut wie allen anderen), hatte die Anpflanzung eines falschen Klons höchst schmerzliche Folgen. In anderen dagegen, so in Neuseeland, wo sich der dort importierte Sauvignon-Blanc-Klon von Anfang an als Schlager erwies, war lediglich Glück im Spiel.

Die Reben der Neuen Welt stehen meist in warmem Klima, auch wenn im letzten Jahrzehnt der «Kühlklimaweinbau» aufgekommen ist, d. h. die Anpflanzung von Reben in Bereichen, deren Klima beispielsweise dem in Burgund oder Bordeaux entspricht. Ein stetig wachsender Kühlklima-Fanclub besteht schon in Australien, Kalifornien, Chile, Südafrika und insbesondere Neuseeland.

Dessenungeachtet befindet sich der Großteil aller Rebflächen der Neuen Welt noch immer in heißem Klima, z. B. im kalifornischen Central Valley, im australischen Riverland und im argentinischen Mendoza – alles Quellen sauberer, süffiger Weine. Allerdings ist hier Bewässerung notwendig, damit die Reben am Leben bleiben. Die hohen Temperaturen sind auch der Grund, weshalb in solchen Gegenden die Weinlese bei Nacht oder am frühen Morgen stattfindet.

Es waren die kühleren Regionen der Neuen Welt, z. B. Oregon und Teile Neuseelands, die den Anstoß dazu gaben, neue Spalier- und Laubpflegesysteme (Positionierung der Laubtriebe und ihr Mengenverhältnis zum Fruchtbehang) zu entwickeln. Um Problemen mit Luftfeuchtigkeit und vergleichsweise unzureichender Sonneneinstrahlung zu begegnen, schuf der Australier Dr. Richard Smart eine Technik, die als «Weinbereitung im Weinberg» bezeichnet werden kann. Seine freilich nicht ganz

unumstrittene Pionierarbeit hat ihn an die Spitze der Weinbauwissenschaft in der Neuen Welt gestellt und ihm eine Beraterrolle in verschiedenen Ländern eingetragen. Der Kern seiner Theorie besagt, daß der freie Zutritt des Sonnenlichts größeren Einfluß auf die Weinqualität hat als Ertragsbeschränkungen. Übermäßig stark entwickeltes Laub behindert die Sonneneinstrahlung. Das führt bei Rotwein zu «grünem», krautigem Geschmack wegen unzulänglicher Fruchtreife, was in Neuseeland noch immer vorkommt. Als Lösung empfiehlt Smart, das Laubdach zu öffnen oder zu teilen und Laub nahe bei den Früchten wegzuschneiden. Dadurch wird die Photosynthese gesteigert, die für die Einlagerung von Zuckern in den Früchten sorgt, ohne die es keinen Alkohol und also keinen Wein gäbe. Auch läßt sich die maschinelle Weinbergbearbeitung wirksamer gestalten, so daß nach Ansicht Smarts und seiner Anhänger höhere Erträge ohne spürbaren Qualitätsverlust erzielbar sind.

Die Namen der von Smart zwar nicht unbedingt erfundenen, aber angewendeten Spaliersysteme sind einerseits bildhaft (Geneva Double Curtain oder Lyra), andererseits nüchtern technisch (Scott Henry, Sylvoz und Te Kauwhata Two Tier).

Obwohl ursprünglich für kühles Klima entwickelt, sind diese Systeme auch von Weinerzeugern in wärmeren Gegenden der Neuen Welt übernommen worden. In der Alten Welt, wo die Reben meist mit Zapfenanschnitt, Guyot-System oder in Buschform näher am Boden gezogen werden, finden sie selten Anwendung; es gibt aber Versuchsanlagen, und das Lyra-System Dr. Alain Carbonneaus hat bei Erzeugern von Vin de Pays bereits eine gewisse Anhängerschaft gewonnen.

Nun könnte man sagen, daß solche Systeme in Italien, Frankreich und Spanien unnötig seien, denn der Sinn verbesserter Spaliersysteme liegt in der Neuen Welt ja darin, dort Trauben der Art zu erzielen, wie sie in den klassischen Weinbaugebieten von Natur aus mit geeignetem Gleichgewicht von Reife, Süße und Säure wachsen. Inwieweit sie diese Wirkung in der Neuen Welt auch haben mögen, ein Allheilmittel für minderwertige Weinberglagen sind sie laut Vanya Cullen von Cullen Wines in Australien keineswegs. Sie sagt: «Ich bleibe dabei, daß Klima und Boden wichtiger sind als Spaliersysteme». Und was ist aus dem Wort «Boden ist Dreck» geworden?

△
Links: Im heißen Klima von Mendoza ist Bewässerung unerläßlich.
Rechts: Knorrige Shiraz-Weinstöcke im südaustralischen Clare Valley.

Die Weinkellerei

Die Weinkellereien der Neuen Welt werden oft als High-Tech-Tempel beschrieben, vollgestopft mit Edelstahltanks, Mostkühlern, Rotofermentern und anderen raffinierten kellertechnischen Anlagen. Die Realität sieht etwas anders aus. Sicherlich trifft man in Stellenbosch oder im Barossa Valley eher riesige, edelstahlblinkende «Tank-Farms» an als in Burgund oder an der Mosel, aber auf traditionelle – man könnte auch sagen altmodische – Weinbereitungsmethoden stößt man in der Neuen Welt ebenso oft wie in der Alten, etwa den kalifornischen Pinot-Noir-Erzeuger, der in den Bottich steigt und seine Trauben austritt, den biodynamischen Enthusiasten in Neuseeland, der seinen Wein nach den Mondphasen abfüllt, oder den australischen Shiraz-Fan, der noch immer an einer altersschwachen Korbpresse aus der Zeit der Jahrhundertwende kurbelt wie am Motor eines Oldtimers.

Auch in den größeren Kellereien hat die Neue Welt durchaus nicht allein Zugang zu modernen Techniken. Viele bessere Betriebe in Europa sind ebenso up to date wie führende Pendants in Australien, Kalifornien, Chile und Südafrika. Man braucht nur ein Spitzenweingut in Bordeaux oder Chianti zu besuchen, um sich davon zu überzeugen – in manchen findet man gar Abfüllanlagen mit Marmorfußboden.

Und doch lassen sich ganz generell Unterschiede zwischen den Weinbereitungstechniken der Neuen und der Alten Welt aufzeigen. Die Winzer der Alten Welt greifen in der Regel nicht so sehr in die Vorgänge ein; sie glauben, daß der Wein die Gaben der Natur zur Geltung bringen und nicht den Daumenabdruck des Kellermeisters tragen soll. Sie sind auch eher geneigt, überkommenes Wissen als gegeben zu akzeptieren. «Ich mache Wein, wie mein Großvater ihn machte» ist in den Kellern Europas ein oft gehörtes Wort. Die Neue Welt bringt der Arbeit voraufgegangener Generationen meist weniger Respekt entgegen.

△
Maschinen beschicken die Traubenmühle von Lindemans, Victoria.

Die Kellermeister der Neuen Welt experimentieren ständig mit neumodischen Ideen, sei es die Zugabe von Enzymen, die Einführung einer speziellen Gärhefe oder

die Anwendung von Eichenspänen, die in manchen Gegenden Australiens hintersinnig als «Mikrofässer» bezeichnet werden. Manchmal nimmt sich das Tempo des Wandels verwirrend aus; eine Idee, die aus der Mode kommt, wird sofort fallengelassen. Das gilt besonders für Kalifornien. Aber der Hang der Neuen Welt, alles in Frage zu stellen, ist auch einer ihrer stärksten Pluspunkte. Sie geht meist rigoroser – wenn man so will: wissenschaftlicher – vor als die Alte.

Kellertechniker der Neuen Welt sind dank hochqualifizierter Ausbildungsstätten wie Roseworthy in Australien und Davis in Kalifornien oft besser geschult. Natürlich gibt es auch in Europa gute Hochschulen wie Geisenheim, Bordeaux und Montpellier, aber in der Neuen Welt ist die Wahrscheinlichkeit größer, daß ein Kellertechniker einen hochgradigen Abschluß in der Tasche hat. Das aber führt nicht notwendigerweise zu besserem Wein. Ein berühmter Kalifornier hat einmal gesagt: «Die ersten zwei Jahre als Kellermeister bringt man damit zu, alles das zu vergessen, was man als Student gelernt hat.»

Die Anwendung wissenschaftlicher Erkenntnisse ist es, die in den meisten Fällen die Weinbereitung in der Neuen Welt prägt. Teilweise liegt das am Klima. Die Weinbauregionen der Neuen Welt sind meist wärmer als die klassischen Regionen Europas, deshalb sind sorgfältige Hygiene, die Verwendung von Kultur- anstatt Naturhefen, Mostkühlern und temperaturgeführten Gärprozessen unbestreitbar wichtiger, weil das Risiko bakteriellen Verderbs größer ist.

Die Weine der Neuen Welt entstehen, außer in Argentinien, wo es in manchen Kellern noch eher rustikal zugeht, zumeist in klinisch reinem Umfeld. Unmengen an klarem Wasser werden gebraucht, um Tanks, Fässer und Fußböden abzuspülen. Man könnte fast vom Boden essen – das möchte man in den meisten portugiesischen, spanischen und französischen Genossenschaftskellereien nicht so gern.

Hier liegt auch der Grund für den Erfolg der sogenannten «flying winemakers» im letzten Jahrzehnt. Das sind meist junge Önologen aus der südlichen Hemisphäre, die in der dort ruhigen Zeit auf einige Wochen in den Norden reisen. Sie kommen, produzieren Wein und reisen wieder ab – so mancher aber kommt im nächsten Jahr wie-

△
In den Kellern der Genossenschaft La Agricola in Mendoza haben Edelstahltanks und Holzfässer gleiches Existenzrecht.

der. Die Anwendung der in der Neuen Welt üblichen Hygiene in altväterischen, finanzschwachen Kellereibetrieben erbringt in Ländern wie Ungarn, Bulgarien, Spanien, Italien und Frankreich im Verein mit kreativer Energie oft dramatische Resultate – saubere Weine mit attraktiver Fruchtigkeit für den täglichen Konsum.

Die wachsende Bedeutung der Flying Winemakers beweist, daß die Alte Welt von der Neuen lernen kann: so deutet auch schon vieles darauf hin, daß die Kellertechniker Europas in manchen Gegenden den fliegenden Kellermeistern bereits einiges von ihren Tricks und Kniffen abzuschauen beginnen (Akos Kamocsay in Ungarn ist ein gutes Beispiel).

Worauf aber kommt es an? Vor allem auf Reinlichkeit, aber auch darauf, dem für den Wein, insbesondere den Weißwein, schädlichen Sauerstoff den Zugang zu verwehren. Die Winzer der Alten Welt geben sich damit weniger Mühe, woraus sich erklärt, daß «oxidierte» Weine relativ häufig vorkommen. Ihre Kollegen in der Neuen Welt sind in dieser Hinsicht geradezu besessen – sie üben beim Keltern größte Vorsicht und decken den Wein mit Schutzgas ab, um den Sauerstoff fernzuhalten. So entstehen makellose Weine, die manchmal fast sauberer sind, als für sie gut ist; den meisten Menschen aber schmeckt ein frischer Weißwein besser als ein schaler.

Eine ebenfalls verbreitete Technik ist Temperaturregelung bei der Gärung, meist in Edelstahltanks, um dem fertigen Wein Frische und Fruchtigkeit zu bewahren. Hierzu fehlte es den Erzeugerbetrieben der Alten Welt früher oft an Geld. Moderne Technik anzuwenden ist nicht schwer, wenn man die Mittel zu ihrer Installierung zur Verfügung hat.

Die Neue Welt stützt sich weit mehr als die Alte auf den Einsatz reiner Zuchthefen für den Gärprozeß. Auch hierbei liegt die Betonung darauf, die Vorgänge unter Kontrolle zu halten und das Risiko der Entstehung von Fehlaromen zu verringern. In der Alten Welt läßt der Winzer oft seinen Wein auf natürliche Weise gären und nutzt dabei die wilden Hefen, die auf den Schalen der Trauben leben.

Alles in allem verlief der Lernprozeß jedoch nicht einseitig, denn die Kellertechnik der Alten Welt hat wiederum die der Neuen beeinflußt, insbesondere bei den

Burgundertrauben Pinot Noir und Chardonnay. Manche Erzeuger in der Neuen Welt nehmen Abstand von reduktiven Techniken und lassen auf der Suche nach größerer Komplexität in beschränktem Umfang Sauerstoff an ihre Weine gelangen. Weitere Praktiken der Alten Welt, die auch in der Neuen Eingang gefunden haben, sind das Untertauchen des «Schalenhuts» bei der Rotweinbereitung sowie das in Frankreich *bâtonnage* genannte Aufrühren des «Gelägers» zur Erzielung größerer Fülle bei der Weißweinbereitung. Auch das immer häufigere Erscheinen ungefilterter Weine gehört zu diesem Trend.

Weine aus der Neuen Welt haben meist kräftigeres Eichenholzaroma, da die Erzeuger insbesondere beim Ausbau von Rotwein einen höheren Anteil an neuen Fässern, vor allem aus amerikanischer Eiche, einsetzen, die weniger subtil ist als die französische. Auch lassen sie oft ihre Rotweine in kleinen Fässern zu Ende gären, eine Praxis, der man in der Alten Welt kaum begegnet. Und bei preiswerten Weinen schrecken sie durchaus nicht vor der Anwendung von Eichenholzspänen zurück. Diese Praxis ist in vielen Gegenden Europas unzulässig.

Der Alkoholgehalt und die Restsüße sind in der Neuen Welt generell höher, das sorgt für eine gewisse «Gefälligkeit», so daß die Weine schon in der Jugend zugänglich und süffig sind – eine Eigenschaft, die in Europa oft mit Mißtrauen betrachtet wird. Auch spielt die Säureanreicherung in der Neuen Welt meist eine größere Rolle. In der Alten Welt wird dagegen oft und durchaus legitim Zucker zugesetzt, um den Alkoholgehalt anzuheben. Beide Anreicherungstechniken dienen der Erzielung größerer Ausgewogenheit.

Weine der Neuen Welt sind stets fruchtbetont – die Australier sagen *fruit-driven*; der Schwerpunkt liegt also auf den Primäraromen und dem sortentypischen Traubencharakter. Außer in den kühleren Randgebieten fallen die Weine auch von einem Jahr zum anderen recht einheitlich aus.

Zuverlässigkeit ist ein Kernpunkt in der Neuen Welt und hat auf den weltweiten Verkaufserfolg ihres Weins einen bedeutenden Einfluß. Sie sicherzustellen ist in Nordamerika wie in der südlichen Hemisphäre die Aufgabe der Kellertechnik.

△
*Neue Eichen-*barriques *prägen das Bild der von Baron Philippe de Rothschild und Robert Mondavi gemeinsam gegründeten Opus One Winery im Napa Valley.*

Die Kellermeister

Die Kellermeister sind heute große Stars. Ihre Namen erscheinen auf Etiketten, ihre Fotos in Werbeanzeigen, und ihre Ansichten werden in den Medien respektvoll wiedergegeben. Das ist ein vergleichsweise neuer Trend. Noch vor 30 Jahren war die Identität desjenigen, der den Wein bereitete, unwesentlich. Viele Weingüter in Frankreich, vor allem in Burgund, tragen seit eh und je den Namen des jeweiligen Winzers, niemandem aber wäre es je eingefallen, ihn näher kennenlernen oder gar zu Pressekonferenzen oder als Leiter von Weinseminaren einladen zu wollen.

Das hat sich inzwischen geändert – Kellertechniker und Weinerzeuger sind prominente Leute geworden. Auch in der Alten Welt gibt es so manchen international anerkannten Namen: Miguel Torres in Spanien, Paul Pontallier und Michel Rolland in Bordeaux, Dominique Lafon in Burgund, Gérard Chave an der Rhône, ferner der Franzose Jacques Lurton, der in Portugal lebende Australier Peter Bright, der Master of Wine Kym Milne und der Engländer Hugh Ryman, doch der Kellermeisterkult ist im wesentlichen ein Phänomen der Neuen Welt.

Es hat etwas zu bedeuten, daß viele führende Weinerzeuger der Alten Welt auch in Kalifornien oder der südlichen Hemisphäre Wein produzieren. Torres, Pontallier und Rolland sind mehrmals im Jahr in Chile anzutreffen. Christian Moueix von Château Pétrus hat in Kalifornien ein eigenes Weingut, Dominus, und folgt damit dem Beispiel von Philippe de Rothschild, der seinerzeit mit Robert Mondavi im Napa Valley das Gemeinschaftsunternehmen Opus One schuf. Und die führenden «flying winemakers» sind geradezu allgegenwärtig. Hugh Ryman, um nur einen von ihnen zu nennen, betätigt sich nach wie vor in Chile, Südafrika, Frankreich, Moldova, Deutschland, Ungarn, Argentinien, Spanien, Korsika und Australien.

△
Das chilenische Casablanca-Tal im Schatten der Anden.

Wann nahm die Apotheose der Kellermeister ihren Anfang? Die meisten Beobachter sind sich darin einig, daß sie in den 1960er Jahren so recht in Schwung kam. Natürlich gab es in der Neuen Welt auch schon vorher berühmte Kellertechniker –

André Tchelistcheff bei Beaulieu Vineyards in Kalifornien und Max Schubert bei Penfolds in Australien –, doch erst mit der Entstehung des modernen kalifornischen Weinbaus traten die Kellermeister in den Vordergrund. Männer wie Robert Mondavi, Warren Winiarski von Stag's Leap, Paul Draper von Ridge und Bernard Portet von Clos du Val wurden Stars, vor allem als ihre Weine bei Vergleichsproben die französischen Klassiker aus dem Feld schlugen.

Dieser Trend machte sich auch anderswo in der Neuen Welt bemerkbar, insbesondere in Australien, das sich gerade zum Weinbauland entwickelte und sich von den sogenannten «*stickies*» (aufgespriteten Süßweinen) ab- und trockenem Tischwein zuwandte. Charaktervolle Gestalten wie Len Evans und Murray Tyrrell im Hunter Valley brachten dem australischen Verbraucher den Wein nahe. Nach und nach verdrängte der Wein das Bier vom Eßtisch des fünften Kontinents.

Es war die nächste Generation, die das Profil und den Bekanntheitsgrad der Weinproduktion in Australien schärfte. Die Kellertechniker großer Betriebe wie John Duval von Penfolds, Philip Shaw von Rosemount, Robin Day von Orlando, Brian Walsh von Yalumba und insbesondere der ungestüme Wolf Blass sind auch durch die große Publizität um die Wein-Shows zu mächtigen Gestalten im jungen australischen Weinbau geworden.

Aber auch kleinere Kellereien haben ihre Stars. Dank der wachsenden Internationalisierung der Weinszene sind Adam Wynn von Mountadam, Dr. Andrew Pirie von Piper's Brook, Rocky O'Callaghan von Rockford, David Hohnen von Cape Mentelle (zugleich der Kopf, der hinter Cloudy Bay in Neuseeland steckt) und Brian Croser von Petaluma in aller Welt bekannt. Vor allem Croser genoß zusammen mit seinem Geschäftspartner Dr. Tony Jordan zu Beginn der 1980er Jahre den Ruf eines kellertechnischen Gurus. Mehrere *flying winemakers*, so Hugh Ryman und Martin Shaw, stammen aus der Petaluma-Schmiede.

Der Erfolg und der Sachverstand von Croser und Jordan stärkten den Glauben, die Kellermeister seien moderne Alchimisten, die auch die langweiligsten Trauben mit einer Portion Kulturhefe in feinen Wein verwandeln könnten. Seither hat sich vieles

△
Von links nach rechts: die flying winemakers *Jacques Lurton und Kym Milne, der Weinbauwissenschaftler Dr. Richard Smart sowie Philip Shaw von Rosemount.*

△
Von links nach rechts: die berühmten australischen Kellertechniker James Halliday und Brian Croser sowie zwei Repräsentanten innovationsfreudiger Kellertechnik in den USA: Randall Grahm und Jim Clendenen.

gewandelt. In der Neuen Welt ist die Erkenntnis, wie wichtig der Weinberg ist, viel klarer als vor 20 Jahren; das übermächtige Image des Kellertechnikers ist etwas verblaßt. Weinbautechniker wie Richard Smart, Master of Wine Steve Smith und Dr. David Jordan (kein Verwandter von Tony) sind heute eigenständige Figuren in der Neuen Welt.

Dennoch ist das Profil des Kellertechnikers noch immer höher als das des Weinbautechnikers, wie die große Verbreitung sogenannter «signierter» Kellermeisteretiketten beweist. Viele kleine Weinbaubetriebe Australiens, z. B. Tim Adams, Charles Melton, Grant Burge und Tolley's, tragen den Namen ihres Besitzers, der zugleich die Kellertechnik betreut. In Chile, Südafrika, Neuseeland und heutzutage selbst in Kalifornien trifft das weit seltener zu – allerdings ist die größte Weinkellerei der USA und der ganzen Welt nach ihren Gründern benannt: Ernest und Julio Gallo.

Freilich sind nicht alle Kellermeister der Neuen Welt Männer. Vielmehr ist der Anteil der Kellermeisterinnen in der Neuen Welt größer als in der Alten. Den größten Ruf haben sich Pam Dunsford von Chapel Hill, Vanya und Di Cullen von Cullen in Australien, Zelma Long von Simi in Kalifornien, Norma Ratcliffe von Warwick in Südafrika sowie Kate Radburnd und Jenny Dobson in Neuseeland erworben.

Abgesehen von den *flying winemakers* sind die bekanntesten Kellertechniker der Neuen Welt in Kalifornien und Australien konzentriert. In Kalifornien besonders berühmt sind heutzutage Randall Grahm, der einzelgängerische Besitzer von Bonny Doon, der sich mit ständig wechselnden italienischen und südfranzösischen Rebsorten einen Namen gemacht hat, Jim Clendenen von Au Bon Climat, Larry Brooks von Acacia sowie die Pinot-Noir-Spezialisten Dick Ward und David Graves von Saintsbury. Aber auch Robert Mondavi und Warren Winiarski sind noch da.

Anderswo in der Neuen Welt ist der Bestand an Talenten kleiner, ebenso die Anzahl der Weinbaubetriebe, in denen sie gedeihen können. In Chile und Argentinien sind internationale Weinbauberater die führenden Köpfe, so der Amerikaner Paul Hobbs und der Franzose Michel Rolland – aber auch einheimische Talente keimen inzwischen auf. Außerdem pflegen die meisten ausländischen Weinerzeuger,

die nach Chile kommen, langfristige Beziehungen zu einzelnen Weinbaubetrieben, so daß diese einen durchgängigen Stil entwickeln können. Chile hat eine Handvoll guter Kellermeister, u. a. Ignacio Recabarren bei Viña Casablanca, Alvaro Espinoza bei Carmen und Andres Ilabaca von Santa Rita, ebenso Argentinien mit Jorge Riccetelli bei Norton, Angel Mendoza bei Trapiche und Rodolfo Montenegro bei La Agricola.

Südafrikas lange Abgeschlossenheit – eine Folge internationaler Sanktionen – hat es mit sich gebracht, daß seine besten Weinerzeuger draußen kaum bekannt sind. Inzwischen aber steigt die Beliebtheit der Weine aus dem Kapland, und damit wächst den dortigen Erzeugern auch ein klareres Profil zu. Vier Namen haben bisher am meisten Furore gemacht: Danie de Wet, der Chardonnay-König von Robertson, Charles Back von Fairview, Gyles Webb von Thelema sowie Beyers Truter, dessen Kanonkop-Pinotages zu den besten Weinen Südafrikas zählen. Andere dürften in dem Maß, wie sich Pinotage immer mehr als die interessanteste Traube vom Kap herausschält, in den Vordergrund gelangen.

Auch Neuseeland verfügt nur über wenige international anerkannte Namen. Die berühmtesten Kellertechniker – das Pinot-Noir-Genie Larry McKenna von Martinborough, Jane Hunter von Hunter's und Kevin Judd von Cloudy Bay – kommen eigentlich aus Australien. Einheimische Talente finden sich durch den Master of Wine Michael Krajkovich von Kumeu River, der einen der besten Chardonnays der Neuen Welt produziert, Tim Finn von Neudorf, Mark Robertson von Matua Valley, Kim Crawford von Coopers Creek sowie die Pinot-Noir-Enthusiasten Neil McCallum von Dry River und Clive Paton von Ata Rangi würdig vertreten. Wie in Südafrika dürfte auch in Neuseeland die wachsende Reputation als Weinbauland dem Bekanntheitsgrad seiner besseren Erzeuger förderlich sein.

Gibt es nun aber Kellermeister der Neuen Welt, die so bekannt wären wie Politiker oder Popsänger? Freilich nicht. Bei allem Talent ist und bleibt der Kellermeister schließlich der Techniker, und die wahren Stars wachsen, wie die Alte Welt schon lange erkannt hat, im Weinberg und nicht im Keller.

△
Das Casablanca-Tal in Chile.

Australien

AUSTRALIEN IST EIN WEITES, MASSIVES LAND. Es ist so groß wie die USA ohne Alaska, aber es leben hier nur 18 Millionen Menschen. Sie wohnen verstreut am fruchtbaren grünen Rand des großen roten Kontinents, doch trotz der riesigen Entfernungen zwischen den Siedlungen herrscht hier ein starkes Gemeinschaftsgefühl. Australien ist wohl ein weites Land, wirkt aber oft eher wie eine Kleinstadt auf dem Land.

So überrascht es auch nicht, daß der Weinbau hier einheitlicher ist als sonstwo auf der Welt. Ein kleiner Hobbywinzer mit einem halben Hektar Reben an der kühlen Südküste von Tasmanien fühlt sich genauso dazugehörig wie der Chefkellermeister eines südaustralischen Großbetriebs mit etlichen tausend Hektar Rebfläche, die sich bis in die flimmernde Ferne hinzieht. An der Wende zum 21. Jahrhundert stellt sich der australische Weinbau geschlossener und erfolgreicher denn je dar.

▽
Coldstream Hills, Yarra Valley, Victoria. Das natürliche Amphitheater fängt reichlich Sonnenwärme für die reifenden Trauben ein.

Wirft man einen kurzen Blick auf die 200jährige Geschichte des hiesigen Weins, dann versteht man, warum die jetzigen guten Zeiten so sehr zu begrüßen sind, und das Bild Australiens als funkelnagelneues Weinbauland gewinnt an Tiefenschärfe.

Captain Arthur Phillip pflanzte 1788, gleich nach dem Eintreffen der First Fleet in der neuen Kolonie, die ersten Reben dort, wo später Sydney entstehen sollte, und unverzüglich wurden dem Wein von «down under» große Dinge prophezeit – Australien wurde als «John Bull's Weinberg» gepriesen, als ein wahres Paradies des Weinbaus, das prädestiniert sei, die Tafeln des Empire mit feinem Wein zu versorgen. Pioniere zogen mit Händen voller Rebenstecklinge überall ins Land.

In den 1870er Jahren schienen sich die Prophezeiungen zu bewahrheiten, als der australische Weinbau mit leichten, den klassischen europäischen Stilen nachempfundenen Weinen in Paris und London Goldmedaillen errang. Leider ging dieser Weinbau ein paar Jahre später unter, zum Teil von der Reblaus vernichtet, von der

Weidewirtschaft überflügelt oder einfach überflüssig geworden, weil sich der Geschmack der Australier auf Bier und aufgespriteten Wein verlegte.

Noch am Ende des 1. Weltkriegs produzierten Südaustralien und Victoria große Mengen an «Port», «Sherry» und schwerem Rotwein. In den frühen 1930er Jahren exportierte Australien ins englische Mutterland mehr Wein als Frankreich – zumeist faßweise. Am Ende des 2. Weltkriegs war die Exportnachfrage jedoch zurückgegangen, und die Verbraucher im Inland bevorzugten wie gesagt aufgespritete Weine. Für Tischweine, wie wir sie heute aus Australien kennen, sah die Zukunft düster aus.

In den 1960er Jahren erwachte das Interesse am Tischwein endlich wieder, und der Boom nahm seinen Anfang. In den nun folgenden 20 Jahren überschätzte dann der wiedererstarkende Weinbau den Bedarf, und so wurden um die Mitte der 80er Jahre kostbare alte Bestände an Shiraz- und Grenache-Reben gerodet. Durch eine Ironie des Schicksals begann um dieselbe Zeit ein Exportboom auf Märkten, die jetzt ungestüm nach Weinen von solchen alten Reben verlangen.

Heute wächst dieser Boom immer weiter. Bis 2025 soll sich die Produktion verdreifachen und Australien das gewinnträchtigste Weinexportland der Welt werden. Was aber macht den australischen Wein so populär, worauf beruht sein Erfolg?

Viele Weinerzeuger der Alten Welt schieben alles auf Technik, und in gewissem Sinn haben sie recht. Australien kann auf beneidenswerte Leistungen in der Keller- und Weinbautechnik verweisen. Australiens Kellertechniker verfügen über die bemerkenswerte Gabe, Praktiken und Innovationen aus anderen Ländern zu übernehmen und zu verbessern. Diese Aufgeschlossenheit bildet auch das Rückgrat der angesehenen Weinbaufachschulen Australiens. Aus Roseworthy und der Charles Sturt University in Wagga Wagga kommen inzwischen mit die wissenschaftlich am besten geschulten, urteilsfähigsten Weinerzeuger der Welt. Zwar ist nun die australische Technikfreundlichkeit mit für die Entstehung beständig untadeliger, zuverlässiger Weine verantwortlich, doch Technik ist nicht alles.

Am wichtigsten ist der Weinberg. In den 1980er Jahren galt alle Aufmerksamkeit der Kellertechnik, heute liegt der Schwerpunkt wieder draußen. Inmitten von vollendet erzogenen, gesunden, fruchtbeladenen Reben – unten der rostrote Boden, oben der weite blaue Himmel – zeigt sich Australiens Vorteil eindeutig.

Es kommt nicht von ungefähr, daß Australien nun seine Weinbauregionen ordnet und registriert, es ist vielmehr die Folge der 1994 mit der EU getroffenen Handelsvereinbarungen. Zwar wird sich das einfache Appellationssystem auf die (für den Exporterfolg bedeutsamen) sowieso schon klaren Weinbezeichnungen nur wenig auswirken, es fördert aber das Nachdenken darüber, welche Rebsorten wo am besten gedeihen und welche Lagen besser sind als andere. Bei der Praxis, Lesegut verschiedener Herkunft gemeinsam zu verarbeiten, war die «ausländische» Konzeption des *terroir* den australischen Weinerzeugern bisher entgangen.

Die legendären Kellermeister Australiens, z. B. Max Schubert von Penfolds, wußten um die Bedeutung der Rebsorten- und Lagenvielfalt. Es ist wichtig, daß das im Entstehen begriffene australische Appellationssystem flexibel bleibt und auch weiterhin Freiheit in Weinbau und Kellertechnik gewährt, denn schließlich ist Freiheit der größte Pluspunkt des australischen Weinbaus.

△ *Morgendunst begünstigt das Wachstum der Pinot-Noir-Reben im Yarra Valley.*

New South Wales

Der große Staat Neusüdwales ist die Heimat einiger der ältesten und der jüngsten Weinbauregionen Australiens. Sie umspannen das ganze Klimaspektrum von intensiver Hitze im Hunter Valley, zwei Autostunden nördlich von Sydney, bis zur frischen Kühle in höheren Weinberglagen in den Snowy Mountains im Süden.

Da versteht es sich, daß auch die ganze Spannweite der Weinstile vorkommt, vom Schaumwein bis zum alkoholangereicherten Süßwein, wobei in der Mitte als Glanzpunkte mit die besten Sémillons Australiens – sowohl in frischer Version ohne Eichenholzaroma als auch mit üppiger Edelsüße – stehen.

Neusüdwales ist auch das beste Beispiel für die Tradition weinbautreibender Familien, die tief in die Geschichte Australiens zurückreicht. Mehrere bekannte Weinfirmen hatten hier ihren Ausgangspunkt – Tyrrells und McWilliams im 19., De Bortoli und Rosemount im 20. Jahrhundert. Sie sind heute überall in Australien vertreten, befinden sich aber noch im Besitz der alten Familien. Daß diese Tradition in einer Zeit zunehmender Kapitalkonzentration und aggressiver Übernahmen erhalten bleibt, ist von größter Bedeutung.

Lower Hunter

Diese Gegend widerspricht aller Logik. Es ist heiß im Hunter Valley, manchmal sehr heiß – Kühlung bringen nur gelegentliche Gewitter. Aber es regnet gern, wenn es am wenigsten erwünscht ist: mitten in der Weinlese. Diese beiden Extreme sind schuld daran, daß hier gute Jahrgänge seltener sind als mittelmäßige; dennoch hat das Hunter Valley viele spektakuläre Weine zustande gebracht, die dafür sorgen, daß die Reputation der Gegend größer ist als die Produktion.

Zu dieser Reputation haben einige herausragende Persönlichkeiten beigetragen, Gestalten wie der Pionier und Arzt Henry John Lindeman, der im 19. Jahrhundert viel für den Ruhm dieser Gegend leistete, und der unwiderstehlich willensstarke Murray

Tyrrell, der im 20. Jahrhundert für sie dasselbe durch Fördermaßnahmen und durch manchmal umwerfende Weine getan hat.

Seit den 1960er Jahren, als Max Lake (ebenfalls Arzt) die Wiederbelebung des Interesses am Hunter Valley mit seinem Weingut Lake's Folly einleitete, ist die Region zu einem der populärsten Touristenziele in Neusüdwales geworden. Ein hiesiger Winzer hat einmal bemerkt, im Hunter Valley sei es zwar nicht am leichtesten, Wein zu produzieren, wohl aber, welchen zu verkaufen.

Die Böden der Region sind wie in allen Weinbauregionen Australiens sehr vielgestaltig, die besten Weinberglagen befinden sich um Pokolbin auf brauner Lehmerde oder auf Rotliegendem. Als Rebsorten werden traditionell Sémillon und Shiraz angebaut; der erstere erbringt in der Jugend grasigen, alkoholschwachen Weißwein, der sich bei langer Flaschenreife zu komplexer Art mit Toastaroma entfalten kann, der letztere köstlich erdige, warme Rotweine mit sanfter, manchmal überraschend eleganter Struktur. Chardonnay und Cabernet liefern hier seit den 1960er Jahren volle, honigduftige Weißweine bzw. stämmige, erdige Rotweine.

Upper Hunter

Während im Lower Hunter seit etwa 150 Jahren durchgängig Wein gebaut wird, liegen die Anfänge im Upper Hunter im Jahr 1828. Hier wurden bei Dalwood die ersten Reben gesetzt, das Interesse schwand aber bald und belebte sich erst in den 1960er Jahren wieder vor allem durch Neuanlagen der Rosemount Winery, heute noch das größte Weingut der Gegend mit Weltklassereputation.

Zunächst wurden viele Weinberge mit Rotweintrauben bestockt, bald aber stellte es sich heraus, daß das obere Hunter Valley mit seiner Wärme und seinen durchlässigen dunklen Lehmböden für Weißweintrauben geeigneter ist.

Heute dominieren hier Sémillon und Chardonnay. Der Sémillon wird bei höherer Reife gelesen als im Lower Hunter und erbringt oft faßgereifte Weine mit größerer Fülle; von Chardonnay entstehen, insbesondere aus der Lage Roxburgh von Rosemount, mit die opulentesten trockenen Weißweine Australiens.

△

Erntemaschinen in den Weinbergen von Lindemans im Lower Hunter Valley; Regen zu diesem Zeitpunkt kann eine Katastrophe bedeuten.

Mudgee

Der fette Boden von Mudgee westlich vom Lower Hunter – der sogenannte Mudgee-Mud – übte erstmals auf unternehmungsfreudige Gemüter, die im 19. Jahrhundert in die Goldgräberfelder kamen, seinen Zauber aus. Sie erkannten (wie die ersten Winzer in Rutherglen) sehr wohl, welches Marktpotential hier in den durstigen Kehlen der Goldgräber schlummerte, und machten sich daran, Wein zu bauen.

Am Ende des 19. Jahrhunderts hatte sich ein blühender Weinbau entwickelt, von dem allerdings 1960 nur noch ein Betrieb übrig war. Dann griff die Wiederbelebung im Hunter Valley auch auf Mudgee über, und heute macht sich die Region wieder mit vollaromatischen, warmen Weinen einen Namen.

Bei Weißwein entfällt auf vollmundigen Chardonnay der Hauptanteil, und Sémillon (reifer und runder als im Lower Hunter) bildet die Nachhut. Cabernet und Shiraz erbringen hier kräftige Rotweine, die in Bestform füllig auf der Zunge liegen.

Riverina

Die trockenen Ebenen um Griffith, 300 Meilen westlich von Sydney, wurden zu Beginn des 20. Jahrhunderts dadurch zum Leben erweckt, daß Wasser aus dem Murrumbidgee River zur Bewässerung des Landes umgeleitet wurde.

Weinreben wurden in großem Maßstab gepflanzt, und reichlich Sonne und Wasser erbrachten im Riverina-Gebiet bald Rekordernten. 50 Jahre lang produzierten hier Weinfirmen wie McWilliams eine Flut von aufgespriteten Weinen, aber seit dem Tischweinboom der 1960er Jahre ist die Region zu einer bedeutenden Quelle von Rot- und Weißweinen der einfachsten Art geworden.

Schließlich lancierte De Bortoli einen ganz neuen Weinstil, für den sich die klimatischen Voraussetzungen in Riverina ebenfalls gut eignen: üppig süßen Sémillon von spätgelesenen, durch Edelfäulebefall geschrumpften Trauben. Andere folgten diesem Beispiel, so daß die Region heute die Heimat einer ganzen Reihe von Erzeugern goldener «*stickies*» ist: herrliche, von den Aromen von Butterscotch, Honig und Aprikosen überquellende Genüsse.

△
Neues Leben regt sich in der Region Mudgee mit ihrem kühlen, für Chardonnay und Cabernet Sauvignon günstigen Klima; Montrose ist der größte Weinbaubetrieb der Gegend.

Sonstige Gebiete

Sydney bot der Weinrebe die erste Heimat in Australien: Schon 1788 wurden hier Versuchspflanzungen angelegt. Die Stadt liegt nahe dem 34. Breitengrad und ist damit das südliche Gegenstück zu Nordafrika. Bedenkt man, was in Marokko an Wein wächst, dann begreift man, daß Qualitätsweinbau hier nie einfach sein konnte – das Klima ist nun einmal zu warm. Ein paar kleine Betriebe, die einen wiederbelebte frühere Weingüter, die anderen funkelnagelneu, befinden sich am Rand der Großstadt. Sie leiden freilich unter der hohen Luftfeuchtigkeit, die schon den Winzern im 19. Jahrhundert zusetzte, und stellen heute eher Kuriositäten dar. Unter solchen Umständen entstehen meist flaue Weine mit zuviel Süße und nicht genug Säure.

Erfolgreichere Gebiete sind über den Staat verstreut. Eines – weit im Norden bei Port Macquarie gelegen – besteht aus einem einzigen Weinbaubetrieb, Cassegrain, der dem heißen Klima gute Weine abtrotzt, und zwar von konventionellen Rebsorten wie Chardonnay, aber auch von Raritäten wie der roten Chambourcin-Traube.

Am weitesten südlich liegt Tumbarumba hoch droben in den Snowy Mountains, unmittelbar vor der Grenze zu Victoria. Dieses Gebiet eröffnet mit Chardonnay und Pinot Noir für Schaumwein gute Aussichten.

Das sogenannte Murrumbidgee Irrigation Area befindet sich 500 km südlich von Mudgee. Es war nichts als Busch, bis das Wasser kam. In der intensiven Hitze waren hier zunächst nur schwere, gespritete Weine möglich. Dann aber kam Hilfe durch die moderne Technik mit temperaturgeregelten Gärtanks – kühle Gärung bedeutet, daß sich nicht der ganze Zucker in Alkohol verwandeln muß und daß auch das Aroma der reifen Frucht erhalten bleibt. Heute produziert hier die McWilliams Winery gefällige frische, leichte Weine.

Die übrigen, im Landesinneren verstreuten Gebiete verfügen über ein Klima, das am besten als kontinental zu bezeichnen ist: erwärmt von der strahlenden Sonne Australiens und dennoch im wesentlichen kühl, dank beträchtlicher Höhenlage, die einen Qualitätsvorteil gegenüber tieferen Lagen bringt. Der Canberra District wurde als erster in den frühen 1970er Jahren erschlossen; hier frönt eine Handvoll Wochenendwinzer – Ärzte und Staatsbeamte – in Boutique-Betrieben am Rand der australischen Hauptstadt ihrer Passion. Riesling und Chardonnay gedeihen gut, ebenso Cabernet Sauvignon einer krautigen und Shiraz einer straffen, pfefferigen Art.

Weitere Regionen, alle an den Westhängen des Great Dividing Range, schlossen sich an: zuerst Cowra – seine Weinberge in 600 m Höhe erbringen vielbewunderte aromatische Chardonnays. Dann kam die Region Hilltops bei Young, und der jüngste Neuzugang ist das Weinbaugebiet im Orange District an einem erloschenen Vulkan.

Aus diesen drei neueren Gebieten ist in den letzten 20 Jahren wunderbarer Wein gekommen, und sie haben daher die Aufmerksamkeit bekannter Erzeugerbetriebe auf sich gezogen – zunächst Rothbury und Petaluma in Cowra, dann McWilliams in Barwang in der Region Hilltops und schließlich Rosemount Estate in Orange. Chardonnay lautet in allen drei Gebieten die Losung, aber auch Shiraz und Cabernet gedeihen in Hilltops gut, und in Orange lassen Sauvignon Blanc und Riesling Anzeichen von Größe erkennen.

South Australia

Die Südaustralier sind davon überzeugt, daß sie im bedeutendsten Weinbauland Australiens leben, und in gewisser Weise haben sie damit vollkommen recht. Südaustralien produziert mehr Wein als jeder andere Staat Australiens (dafür sorgen schon die gewaltigen Weinkellereien und die endlose Rebfläche in Riverland) und beherbergt in seinen Grenzen einige der bekanntesten Weinbauregionen.

Auch war Südaustralien nicht so sehr von der schlimmen Zeit im Weinbau bis zur Mitte des 20. Jahrhunderts betroffen wie etwa Victoria. Die Reblaus faßte hier nie so stark Fuß wie jenseits der Grenze, und das warme Klima in den etablierten Weinbauregionen erleichterte es den Weinerzeugern Südaustraliens, den Geschmackswandel vom Tischwein zum Süßwein zu Beginn des Jahrhunderts mitzuvollziehen.

Zum Glück hat es diese Entwicklung mit sich gebracht, daß Südaustralien vor allem in Barossa und im McLaren Vale eine starke gastronomische Tradition aufweist. Die Eß- und Trinkkultur ist dort gemeinsam aufgewachsen und hat jahrzehntelangen Vorsprung vor dem Modeinteresse an regionaler Küche und regionalem Wein.

Freilich stammt dieses Erbe zum großen Teil von nicht-anglokeltischen Einwanderern: Deutschen in Barossa und – zu einem späteren Zeitpunkt – Italienern im McLaren Vale. Der Beitrag der Einwanderer hat für den australischen Wein auch anderswo große Bedeutung, nirgendwo aber tritt er so köstlich in Erscheinung wie in Südaustralien: Schinken und Wurst aus Barossa und dazu Barossa Shiraz, vollreife Oliven aus dem McLaren Vale und dazu McLaren Vale Sangiovese, das sind einfache Genußkombinationen mit jahrzehntealter Tradition.

△
Historisches Weinland Australiens: Die ersten Trauben wurden hier in Seppeltsfield im Barossa Valley bereits 1850 gepflanzt.

Adelaide und die Adelaide Hills

Südaustraliens Weinbaugeschichte begann dort, wo sich heute die Vorstädte von Adelaide ausbreiten. Fast wie durch ein Wunder sind zwei der ersten Weingüter noch vorhanden: John Reynells Château Reynella (jetzt zum McLaren Vale gerechnet) und

Christopher und Mary Penfolds Magill Estate, beides schön restaurierte grüne Inseln zwischen Einkaufsstraßen und Tankstellen.

Derzeit darf Adelaide zwei Weinbaugebiete sein eigen nennen. Das eine besteht aus etlichen über die heißen Adelaide Plains nördlich der Stadt verstreuten Weinbergen und Kellereien. Hier entfällt der größte Teil der Produktion auf das Großunternehmen Barossa Valley Estate; nur ein kleinerer Erzeuger, Joe Grilli auf Primo Estate, tut sich brillant mit ungewöhnlichen und köstlichen Weinen hervor, denen man das Klima des Herkunftsgebiets nicht anmerkt. Unter dem Gesichtspunkt der Qualität sind allerdings die Adelaide Hills östlich der Stadt weit bedeutender (das früher zum nördlichen Teil der Hills gerechnete Eden Valley gilt heute als zu Barossa gehörig).

Hoch oben in einer oft wunderschönen Gebirgslandschaft bringen einige australische Spitzenweinerzeuger (meist aus anderen Regionen) exzellente Weine aus kühlem Klima hervor. Der Sauvignon Blanc hat hier seine australische Heimat gefunden; in der langen Wachstumsperiode liefert er überaus aromatische Weine mit intensivem Geschmack. Nicht verwunderlich ist auch, daß Pinot Noir und Chardonnay hier sowohl bei Schaumweinen (der berühmteste ist Petalumas Croser) als auch in komplexen Stillweinen Großartiges leisten. Merlot erweist sich mit Rotweinen von schöner, samtiger Fülle als die beste der kräftigeren dunklen Rebsorten.

Barossa Valley und Eden Valley

Barossa ist nach Coonawarra die bekannteste Weinbauregion Südaustraliens. Es ist die Heimat wahrhaft großer Namen – Penfolds und Orlando haben hier mit ihre wichtigsten Produktionsanlagen –, aber auch einer vielschichtigen bunten Schar kleinerer Weinerzeuger wie St. Hallett, Rockford und Peter Lehmann.

Barossa wurde bekanntlich ab den 1840er Jahren von deutschen Einwanderern (genauer gesagt, schlesischen Protestanten) besiedelt, und dieses Erbe ist in Namen, Sprache, Küche und Architektur der Gegend noch immer spürbar. Hier wird noch Barossa-Deutsch gesprochen, und viele der ursprünglichen Kirchen stehen noch. Die deutsche Abstammung erklärt auch die Vorliebe für die Riesling-Traube.

△
Uralter Shiraz-Weinstock.

Aus dem reichen Erbe des Weinbaus in Barossa heraus haben sich klar definierte Bereiche entwickelt. Die Winzer dort behaupten und machen es im Glas auch deutlich, daß ein subtiler Unterschied beispielsweise zwischen Shiraz aus Kalimna im Norden des Tals und Shiraz aus Lyndoch im Süden besteht. Der Boden – der für die Region typische braune Lehm bzw. graue Sand – und geringfügige Klimaunterschiede haben mit diesen stilistischen Nuancen viel zu tun, sehr oft aber beruht der einzigartige Geschmack einer bestimmten Weinberglage eher auf dem Alter der Reben.

Das Barossa Valley und das McLaren Vale südlich von Adelaide sind mit Rebbeständen gesegnet, die zu den ältesten noch in Ertrag stehenden auf unserem Planeten zählen. Nicht selten findet man hier verkrümmte 100jährige Shiraz- und Grenache-Reben, die jedes Jahr unvergleichlich hochkonzentrierten Wein liefern.

Freilich bekommt man die Produkte so besonderer Lagen kaum je in reiner Form zu probieren. Die meisten Barossa-Weine sind Verschnitte, in denen sich die Eigenart der verschiedenen Lagen vereint, um, wie man hofft, etwas Größeres als nur die Summe der Bestandteile zu erbringen.

Riesling ist seit gut 150 Jahren die vorherrschende Rebsorte im Barossa Valley. Eigentlich ist es auf der Talsohle etwas zu warm für diese Rebe, deshalb kommt der größte Teil der Frucht für die schmackhafteren Barossa-Rieslinge aus den kühleren Barossa Ranges und dem Eden Valley im Südosten, das mit dem Clare Valley in Südaustralien und Great Southern in Westaustralien um den Rang der für die aromatische Weißweintraube bestgeeigneten Gegend wetteifert.

Die beste Rotweinrebsorte in Barossa ist Shiraz; er bringt dort volle, lederige Weine mit exotischen Nuancen hervor, aber auch Cabernet leistet oft Gutes, und Grenache sowie Mourvèdre beeindrucken vor allem in Verschnitten. Chardonnay gedeiht hier wie überall und erbringt reichhaltige Weine mit großer Geschmacksfülle; der Barossa Sémillon erhält – ganz anders als der Sémillon aus dem Hunter Valley – meist Faßausbau und zeigt sich als kräftiger, weicher Weißwein, gelegentlich auch als köstlich üppiges Gewächs mit Edelfäule.

Das Eden Valley im Hügelland südöstlich von Barossa jenseits von Angaston hat so ziemlich dieselben Böden wie Barossa, es kommt ihm aber die etwas kühlere Höhenlage zugute. Hier ist großartiges Weißweinland. Die Weingüter Pewsey Vale, Heggies und Hill-Smith der Familie Hill-Smith aus dem Haus Yalumba in Barossa bringen wundervollen Riesling, Viognier bzw. Sauvignon Blanc hervor.

Hier befindet sich auch die berühmte Henschke Winery: Eden Valley Shiraz im glorreichen Musterbeispiel des Henschke Hill of Grace vereint Fülle und Eleganz, und dasselbe gilt oft auch für Eden Valley Pinot Noir und Chardonnay (insbesondere aus dem Weingut Mountadam).

McLaren Vale und Langhorne Creek

Das McLaren Vale, eine Autostunde südlich von Adelaide, ist die Quelle gefälliger, süffiger Weine. Sanfte Hügel, Olivenhaine, Mandelbäume und fruchtbare Böden sind die Merkmale dieses Lands, das derzeit besondere Erfolge mit vollen Rotweinen feiert.

Seit hier in den 1830er und 40er Jahren die ersten Reben gepflanzt wurden, sind Weine aus dem McLaren Vale – meist rote oder aufgespritete – entweder eigenständig oder als Verschnittmaterial für Weinerzeuger in anderen Gegenden gefragt. Beispielsweise gingen aus dem McLaren Vale um die Mitte des 20. Jahrhunderts durch die Emu Wine Company große Mengen an «Burgunder» nach England.

Hardy's, eine der bekanntesten australischen Weinfirmen, hat hier im historischen Gut Reynella ihr Hauptquartier, daneben gibt es viele namhafte kleinere Betriebe wie D'Arenberg, Geoff Merrill und Wirra Wirra.

Die Reputation der Gegend für zuverlässige Weinqualität beruht auf dem warmen Klima, den mäßig fruchtbaren Böden (Sand um Blewitt Springs bis hin zu fettem rotem Lehm um den Ort McLaren Vale) und den großen Beständen an alten, ertragsschwachen Weinstöcken der Sorten Grenache, Shiraz und Mourvèdre (hier oft Mataro genannt). Ihre hochkonzentrierten Weine sind stark gefragt, seit in den 1990er Jahren großer Durst auf würzige Weine nach Art der Rhône herrscht.

△
Südlich von Adelaide liegt jenseits des Onkaparinga River das für kraftvollen «Port» und Shiraz berühmte Weinbaugebiet McLaren Vale.

Auch der Cabernet Sauvignon fällt hier oft exzellent aus, vollmundig mit geschmeidigem Tannin, während unter den Weißweinen dem Sauvignon Blanc (in fülligem, tropenfruchtigem Stil) die Krone gebührt, aber auch Chardonnay und sogar Riesling leisten manchmal Eindrucksvolles. Vintage «Port» – eine aussterbende Rasse – bringt hier seinen Schwanengesang vor; die besten Beispiele Australiens stammen von Hardy's und Chateau Reynella.

Langhorne Creek südöstlich vom McLaren Vale hat eine ebenso lange Geschichte, beherbergt heute aber nicht mehr viele Weinbaubetriebe. Seit eh und je liefert es Frucht für außerhalb gelegene Weinverarbeiter, u. a. für Wolf Blass und Saltram. Die ersten Reben pflanzte Frank Potts um 1850 in der Lage Bleasdale (benannt nach Reverend Bleasdale, der im 19. Jahrhundert eine ähnlich berühmte Persönlichkeit im australischen Weinbau war wie heute Len Evans), und auch jetzt produziert die Familie Potts dort noch immer die besten Weine.

Der Boden ist fruchtbar und tiefgründig, die Rebfläche wird oft durch Überfluten bewässert. Die Nähe des Meers mildert das ansonsten warme Klima. Hier wachsen weichere, rundere Weine als im McLaren Vale; in Bestform können die Cabernets Musterbeispiele des warmen, vollen südaustralischen Rotweins darstellen.

Clare

Auf dem Papier nimmt sich Clare durchaus nicht etwa so aus, als könne dort der feinste Riesling Australiens wachsen. Die Sommertemperaturen sind oft ebenso hoch wie im Barossa Valley. Und doch entsteht hier seit über einem Jahrhundert nicht nur exzellenter Riesling, sondern auch mancher große Rotwein. Die Stadt Clare entstand in den 1840er Jahren und entwickelte sich rasch zum wichtigen Zentrum für die Bergleute und Weizenfarmer, die im umliegenden Land die natürlichen Ressourcen ausbeuteten. Reben wurden hier von Anfang an gepflanzt, und viele der charakteristisch massiven Steingebäude der Region waren ursprünglich Weinkellereien.

Die Stanley Wine Company (heute Leasingham im Besitz von Hardy's), einer der beiden großen Weinbaubetriebe in Clare am Anfang des 20. Jahrhunderts (der

andere war Quelltaler, heute Bestandteil des Mildara-Blass-Imperiums), exportierte viel Wein nach England. Derzeit ist die Taylors Winery, auf Exportetiketten Wakefield, der größte Erzeuger in der Region, aber es sind die kleinsten – Wendouree, Grosset und Sevenhill –, die Clare ein eigenes Kolorit verleihen.

Die Gegend ist über weite Strecken erstaunlich schön, ein sanftes Hügelland, in dem sich nach Regenfällen üppiges Grün breitmacht. Ausgeprägte Unterbereiche sind der Polish Hill District im Osten, wo es dank der Höhenlage kühler ist als etwa im Watervale District in der Mitte des langen, schmalen Tals. Der Boden ist tiefgründiger roter bis brauner Lehm mit ziemlich kalkreichen tieferen Schichten, und die vielen Hügel bieten der Rebe unterschiedliche Hanglagen.

Riesling aus Clare, insbesondere aus Watervale und Polish Hill, ist gekennzeichnet durch schmackhafte, saftige Limonenfrucht und oft umwerfende Geschmacksintensität. Er kann sich in 10 und mehr Jahren Flaschenreife superb zu einem tief komplexen, harmonischen Wein entfalten. Gelegentlich entstehen auch Rieslinge mit Edelfäule, deren Üppigkeit durch intensive Säure vollendet ausgewogen wird.

Chardonnay kommt in Clare wegen des traditionell größeren Interesses der Erzeuger am Riesling nicht so recht voran. Sémillon leistet dagegen nach Faßausbau oft Besseres. Die Rotweine reichen von relativ eleganten Cabernets, entweder sortenrein oder im Verschnitt mit Merlot oder Malbec, bis zu wuchtigem, dichtem, kraftvollem Shiraz in sortenreiner Ausführung und in Verschnitten.

Coonawarra

Coonawarra ist das wohl meistdiskutierte Weinbaugebiet Australiens. Sein berühmter Terra-Rossa-Boden (eine dünne ziegelrote Erdschicht über Kalksteingrund) ist in aller Welt bekannt, und die Cabernets, die auf ihm wachsen, gelten weithin als die besten Australiens.

Diese Reputation läßt ganz vergessen, daß Coonawarra als Spitzenweinbaugebiet erst 40 Jahre alt ist. Seine Eignung für den Weinbau wurde zwar schon in den 1890er Jahren erkannt, aber es lag sowohl von Adelaide als auch von Melbourne so weit ent-

△
Die kostbare rote Erde (Terra Rossa) von Coonawarra bringt mit die vollmundigsten australischen Cabernet Sauvignons hervor.

fernt, daß sich nur wenige Winzer dorthin verirrten. Schließlich hat diese schrecklich flache Gegend nichts anderes zu bieten.

Als erster Name verband sich mit der Region die Penola Fruit Colony, die um die Wende zum 20. Jahrhundert alkoholschwachen Rotwein von der Shiraz-Traube anbot. In den darauffolgenden 50 Jahren blieben hier nur die Redmans als einzige Familie dem Weinbau treu (sie sind auch heute noch da), belieferten aber meist Weiterverarbeiter anderswo. Manche Weine, insbesondere die legendäre Rotweinserie Woodley's Treasure Chest vom Ende der 1940er und Anfang der 50er Jahre, machten sich einen Namen, aber erst als in den frühen 50er Jahren der Restaurantbesitzer und Weinkaufmann David Wynn aus Melbourne die 1891 von John Riddoch erbaute Kellerei kaufte, kam das wahre Potential der Region ans Licht.

Wynn und sein Kellermeister Ian Hickinbotham produzierten elegante, feine, langlebige, mit vollem Recht als «Claret» bzw. «Hermitage» bezeichnete Cabernet-Sauvignon- und Shiraz-Weine – in jener Zeit, als die meisten australischen Rotweine volle, schwere «Burgundies» waren, etwas Außergewöhnliches. Ihr Erfolg lockte andere Erzeuger in die Gegend; zuerst kamen große Firmen wie Penfolds und Mildara, in den 1960er, 70er und 80er Jahren folgten kleinere Betriebe.

Riesling wurde rasch zur meistangebauten Weißweinrebsorte der Region – vor allem ein Zeichen für die historische Bedeutung dieser Traube. Auch heute noch liefert sie manchen guten Wein, wird inzwischen aber vom Chardonnay überflügelt, der im kühlen Klima von Coonawarra erfreulich intensiv und voll ausfallen kann (und sich auch für Schaumwein bewährt).

Bei den Rotweinrebsorten dominiert nach wie vor Cabernet Sauvignon, obschon manche Erzeuger behaupten, die Gegend sei für Shiraz am besten geeignet. In jüngerer Zeit sind hier auch wundervolle Merlots entstanden. Es ist zwar noch zu früh für eine sichere Voraussage, doch diese Rebsorte zeigt das Potential, hier Besseres zu leisten als anderswo. Auf jeden Fall bringen Merlot und die weiteren Bordeaux-Rebsorten Cabernet Franc, Malbec und sogar Petit Verdot superbe Komplexität in die Coonawarra Cabernet Sauvignons ein.

Die Diskussion dreht sich in der Region jedoch nicht in der Hauptsache um Rebsorten, sondern vielmehr um das Land selbst. Puristen behaupten, daß nur die Rebfläche auf dem schmalen Streifen Terra Rossa Anspruch auf den Namen Coonawarra erheben dürfe, während Aufgeschlossenere meinen, auch die fruchtbareren schwarzen Böden westlich davon sollten in die Appellation fallen.

Besondere Ironie steckt dabei in der Tatsache, daß die australischen Weinerzeuger eigentlich noch nie viel auf den französischen Begriff *terroir* gegeben haben – nur in Coonawarra nimmt man es so streng.

Im Lauf der letzten 100 Jahre hat sich dieses mit einer Ausdehnung von 15 auf 1,5 km sehr kleine Gebiet als ideal für den Weinbau geeignet erwiesen. Das mit so viel geballter Weinbauenergie und -passion erfüllte Fleckchen tiefgründiger roter Erde darf gewiß als australisches Cru-Terrain gelten. Angemerkt werden muß freilich, daß Coonawarra ja nicht die einzige Gegend in Südaustralien ist, die über Terra Rossa verfügt. Es wird immer mehr rote Erde über Kalksteingrund entdeckt – und an manchen solchen Stellen wächst vielleicht einmal sogar noch besserer Wein.

△
Die Grundlage der Qualität von Coonawarra: eine flache Schicht Terra Rossa über Kalkstein.

Riverland

Rund 240 km nordöstlich von Adelaide erstreckt sich an der Grenze zu Victoria vom Murray River aus das Riverland, eine immense bewässerte Rebfläche, die so weit das Auge reicht nur von gewaltigen, raffinerieähnlichen Weinkellereien unterbrochen wird. Hier ist das große Faß Australiens.

Die Weinbaubetriebe im Riverland und im Nordwesten Victorias produzieren den Großteil des australischen Alltagsweins, der in Tüten oder Einwegflaschen verkauft oder tankweise exportiert wird. Mehr als jede andere Region hat diese die australischen Trinkgewohnheiten verändert, denn im Lauf der letzten Jahrzehnte wurden die Biertrinker so sehr für den Wein gewonnen, daß der Pro-Kopf-Verbrauch an Wein in Australien heute doppelt so hoch ist wie in England.

Alle Weinstile vom Schaumwein bis zum Süßwein entstehen hier bei reichlich Sonnenschein, unerschöpflicher Wasserzufuhr und auf fruchtbaren Böden, die für große Ernten an gesunden Trauben die besten Voraussetzungen bieten.

Die Weinsnobs in den modischen Bistros von Melbourne und Sydney können das Riverland mißachten wie sie mögen, dabei lassen sie freilich außer acht, wie wichtig diese Region für den schlichten Broterwerb des Weinbaus ist und bleibt.

Sonstige Gebiete

Wie schon erwähnt, haben sich in Südaustralien in den letzten 30 Jahren noch weitere für den Weinbau interessante Stellen aufgetan, als erste – und immer noch bedeutendste – Padthaway.

Dieses Gebiet befindet sich 80 km nördlich von Coonawarra in ebenso weltabgeschiedener Lage und hat unterschiedlichere Böden als die illustre Nachbarregion (ähnlicher rotbrauner Lehm wie im McLaren Vale herrscht vor). Das kühle Klima ist aber ungefähr dasselbe, allerdings braucht hier die Rebe Bewässerung.

Es gibt hier zwar nur wenige Weinkellereien, dafür aber weite Rebflächen großer Weinfirmen, u. a. von Lindemans; dieses Haus verwendet Padthaway Chardonnay (zuverlässig voll im Geschmack und gut für Faßausbau geeignet) sowohl in regionalen als auch in überregionalen Weinen. Auch Seppelt und Hardy's sind hier vertreten und konzentrieren sich wie Lindemans auf Weißwein.

Chardonnay ist zweifellos der große Pluspunkt von Padthaway, aber auch Sauvignon Blanc, Riesling mit Edelfäule, eleganter Cabernet und Merlot und sogar würziger Shiraz sind hier im Lauf der Jahre produziert worden.

In den letzten fünf Jahren hat sich der Schwerpunkt etwas von Padthaway auf andere aufstrebende Regionen verlagert. Bei Koppamurra nördlich von Coonawarra sowie bei Robe und Mount Benson an der Küste Südaustraliens sind Stellen mit roter Erde über Kalkstein «entdeckt» worden, und vor allem die großen Häuser haben dort etliche tausend Hektar Reben angesetzt. Die ersten Anzeichen sind ermutigend, denn schon junge Reben bringen Weine mit ähnlicher Finesse hervor, wie die besten von Coonawarra sie aufweisen.

Diese neuen Regionen werden nicht die letzten sein. Auch andere Stellen entlang und landeinwärts der sogenannten Kalksteinküste warten noch auf Bestockung. Die besten Tage – und Weine – stehen dieser Gegend vielleicht erst noch bevor.

Victoria

Victorias Geschicke beruhten auf Gold. Mit Gold wurden die grandiosen architektonischen Visionen der neuen Aristokratie Melbournes im 19. Jahrhundert geschaffen. Gold lockte Tausende in die blühenden Landstädte Bendigo Ballarat und Rutherglen. Doch als das Gold zu Ende ging, hinderte der unvermeidliche wirtschaftliche Zusammenbruch – allerdings kräftig unterstützt von der Reblaus – den Weinbau in Victoria daran, sein volles Potential zu entfalten.

Erst in den 1980er Jahren sah Victoria dann wieder nach einem echten Weinbauland aus. Nun machten die Weinerzeuger die verlorene Zeit wett, indem sie in hektischem Tempo Betriebe eröffneten und Reben pflanzten.

Victoria hat ideale Voraussetzungen, den in den letzten 10 Jahren aufgekommenen Trend zum Kühlklimaweinbau zu nutzen, denn hier befinden sich die kühlsten Weinberglagen Australiens und übrigens auch die meisten Hersteller hochwertiger Schaumweine. Das Klima mancher Regionen Victorias, vor allem südlich des Great Dividing Range an der Ostküste Australiens, schneidet im Vergleich mit den Verhältnissen in europäischen Spitzenweinbaugebieten, etwa in Burgund, günstig ab.

Das bedeutet freilich nicht, daß es hier überall kühl wäre: In der Mitte und im Südosten ist es oft ebenso heiß wie sonstwo in Australien – das Ergebnis ist vollmundiger Shiraz und üppiger Liqueur Muscat. Überdies erbringen die großen bewässerten Weinbaugebiete im heißen Nordwesten neben dem südaustralischen Riverland die zweite Hälfte der australischen Massenweinproduktion.

Yarra Valley und Geelong

Das Yarra Valley, eine Autostunde östlich von Melbourne, war im 19. Jahrhundert Victorias großartigstes Weinbaugebiet. Besiedelt und angepflanzt von Schweizer Einwanderern, bildete die Gegend damals eine malerische Szenerie von ausgebreiteten Weinbergen und geschäftigen Weinkellereien.

In den 1920er Jahren sorgte der Geschmackswandel dafür, daß das Yarra Valley von Schafen und Kühen übernommen wurde. Erst in den 1970er Jahren weckten ein paar passionierte und tatkräftige Männer wie John Middleton von Mount Mary und Bailey Carrodus von Yarra Yering mit ihren Weinen aus kleinen, gut gepflegten Weinbergen wieder das Interesse an Yarra.

In den 1980er Jahren entstanden neue Weinbaubetriebe, denen dann mittelgroße Kellereien und schließlich große Unternehmen und bekannte Namen wie Green Point Vineyards von Moët & Chandon und Coldstream Hills, Besitz des Weinpublizisten James Halliday, folgten. Eine wahre Explosion fand schließlich in den letzten fünf Jahren fand statt; drei der vier großen Weinbauunternehmen, Penfolds, BRL Hardy und Mildara Blass, kauften hier Betriebe und legten Weinberge an.

Obwohl es Nischen gibt, die nirgendwo so recht hineinpassen, läßt sich das Yarra Valley grob in zwei Unterbereiche aufteilen: die durch grauen Lehmboden charakterisierte kühle, leicht wellige Talsohle um Coldstream und Yarra Glen sowie die von tiefgründiger roter, vulkanischer Erde geprägte, noch kühlere, meist höhergelegene Gegend weiter südlich um Seville.

Diese Vielseitigkeit macht die Region gut geeignet für verschiedene Weinstile, wobei sich bislang verhaltener, straffer Chardonnay, dunkler, kirschfruchtiger Pinot Noir und eleganter, wohlstrukturierter Cabernet am besten bewährt haben. Shiraz erbringt einen pfefferigen, mittelschweren Stil, Sémillon fällt kräuterwürzig und karg aus und Sauvignon Blanc mineralisch und saftig. Wie in Coonawarra zeigt Merlot auch hier vielversprechende Anzeichen von Größe.

Das Land um Geelong, einer kleinen Stadt südlich von Melbourne, war im 19. Jahrhundert ein noch bedeutenderes Weinbaugebiet als das Yarra Valley. Auch hier siedelten Schweizer Vignerons, die um 1870 große ambitiöse Rebflächen anlegten. Unglücklicherweise hinderten die Reblaus und fehlgeleitete staatliche Rebenrodungsprogramme die Region daran, ihr Potential zu entfalten.

Am Ende der 1960er Jahre gab es dann die ersten vorsichtigen Neubestockungen durch die Seftons von Idyll und durch Tom Maltby in den Steillagen am Mount

△
In warmem Klima stehen die Reben von Morris in Rutherglen (Northeast Victoria), der Heimat des samtigen Dessertweins Liqueur Muscat.

Anakie. Der beste Weinbaubetrieb der Gegend, Bannockburn, entstand als nächster, und einige weitere kamen hinzu, insbesondere in den 1980er Jahren Scotchmans Hill auf der in die Port Phillip Bay hinausragenden Bellarine Peninsula.

Pinot Noir und Chardonnay halten hier die Spitze (beiden kommt die lange, kühle Wachstumsperiode zugute), und intensiv würziger Shiraz bildet die Nachhut.

Grampians und Pyrenees

Die Weinbaubetriebe der nach einem dramatischen Gebirgszug im Westen benannten Region Grampians, zweieinhalb Autostunden westlich von Melbourne, liegen zwischen den Orten Stawell, Great Western und Ararat verstreut – früher hieß das Weinbaugebiet Great Western.

In Great Western ist die Geschichte lebendig. Auf einem Gang durch die in den 1860er Jahren als Stollen angelegten schimmelüberzogenen Keller von Seppelt spürt, ja riecht man sie förmlich in der feuchten Luft. Hier waren ideale Voraussetzungen für die Reifung der ersten großen Schaumweine Victorias – damals von den inzwischen verschwundenen Traubensorten Ondenc und Chasselas – gegeben.

Sie begründeten den großen Ruf der Schaumweine aus Great Western, so daß der Name um die Mitte des 20. Jahrhunderts zum Synonym für Sekt wurde. Seppelt Great Western beherbergt inzwischen die Schaumweinherstellung für die gesamte Southcorp-Gruppe (Penfolds, Lindemans, Seaview und Seppelt); Traubengut und Weine werden aus allen Winkeln des Landes antransportiert und hier verarbeitet. Heute entstehen die Schaumweine natürlich von dem klassischen Traubentriumvirat der Champagne: Chardonnay, Pinot Noir und Pinot Meunier.

Die Region Grampians bietet aber auch großartige Tischweine, vor allem konzentrierten Shiraz (der Wein von Mount Langi Ghiran zeigt verlockende Würze, und die Frucht hundertjähriger Reben aus den Beständen von Seppelt und Best's bringt große Tiefe ein) sowie überraschend vollen, aber frischen Riesling. Great Western ist auch die Heimat roter Schaumweine: Reifer Shiraz, verarbeitet nach der *méthode champenoise,* ist ein besonderer Beitrag Australiens an die Welt des Weins.

Eine Stunde Autofahrt über das Great Dividing Range in die Gegend nordöstlich von Ararat führt uns in die zweite große Weinbauregion im Westen Victorias: Pyrenees um die Orte Avoca und Moonambel. Hier standen schon im 19. Jahrhundert Reben, die eigentliche Weinbaugeschichte begann aber erst in den 1960er Jahren, als der französische Gigant Rémy Martin das Weingut Château Rémy errichtete, ursprünglich um Weinbrand herzustellen, dann aber rasch zu Tisch- und Schaumwein überging (heute heißt das Weingut Blue Pyrenees Estate).

In den 1970er Jahren folgten weitere Betriebe, allesamt (mit Ausnahme von Taltarni) kleine Familienunternehmen und Erzeuger von manchmal heroisch proportionierten Rotweinen. Cabernet Sauvignon und Shiraz sind die unumstrittenen Stars in dieser ziemlich warmen Gegend; sie bringen Rotweine mit dichter, erdiger Frucht und manchmal ungeheurem Tannin hervor. Sauvignon Blanc und Chardonnay liefern hier und dort eindrucksvolle Weißweine.

North East Victoria

Rutherglen an der Grenze zu New South Wales war rund 100 Jahre lang das bedeutendste Weinbaugebiet Victorias; es belieferte sowohl den inländischen als auch den englischen Markt mit gewaltigen Mengen an schweren Süßweinen und vollblütigen Rotweinen. Die victorianischen Landhäuser und die oft grandiosen Weinkellereien (die von All Saints ist ein veritables Schloß) legen hiervon Zeugnis ab.

Das Erfolgsgeheimnis dieser Gegend liegt in relativ warmem Klima; Rotweintrauben wie Shiraz und die Regionalspezialität Durif (ursprünglich eine Hybridrebe aus Südfrankreich) können hier ohne weiteres ausreifen und Weine mit tiefer Farbe, mächtigem Tannin und hohem Alkoholgehalt hervorbringen.

Die größten Pluspunkte von Rutherglen sind nach wie vor die alkoholangereicherten Weine Liqueur Muscat und Tokay. Sie werden von hochreifen, rosinierten Muskatellertrauben produziert – die besten von Nachfahren der ursprünglichen Winzer aus dem 19. Jahrhundert, deren Namen wie Campbell, Morris und Chambers auf britische Abstammung deuten – und reifen viele Jahre im Faß. In Fülle, Üppigkeit und

△
Die Reben von Rhymney Valley Vineyard in Westvictoria erbringen im gemäßigten Klima Trauben mit kräftiger Säure für Schaumwein.

△
Eukalyptusbäume weisen den Weg zur Mount Langi Ghiran Winery in Great Western, deren an der Rhône orientierte Shiraz-Rotweine einen guten Ruf genießen.

Konzentration haben sie kaum ihresgleichen, und bei der ständig sinkenden Nachfrage nach hochwertigen Weinen dieser Art sind sie nicht nur ihren Preis, sondern auch immer das Probieren wert.

Mit den Namen ist es eine eigene Sache – der Liqueur Muscat entsteht zwar von der Traubensorte Muscat de Frontignan, der Liqueur Tokay hat aber mit Ungarn oder dem Elsaß nichts zu tun, sondern wird von der Muscadelle-Traube erzeugt.

Eine der ältesten Weinkellereien im Nordosten, Brown Brothers in Milawa bei Rutherglen, ist seit langem auch eine der fortschrittlichsten hier. Sie blieb selbst um die Mitte der 20. Jahrhunderts, als alle außer ein paar italienischen Tabakpflanzern nur aufgespritete Weine haben wollten, dem Tischwein treu. Mit seinem Vordringen in das kühlere King River Valley und hinauf in das heute wegen seiner Lage in 750 m Höhe als High Country bezeichnete Gebiet hat dieses Haus vielen dort inzwischen entstandenen Weinbaubetrieben als Anregung gedient.

Das King Valley und das High Country bilden das neue Gesicht des Weinbaus in Victoria. Hier liegt der Schwerpunkt auf Tisch- und Schaumwein, wobei Sauvignon Blanc und Gewürztraminer, trockene Muscats und die ewigen Favoriten Chardonnay und Pinot Noir (oft als Schaumwein) bislang besonders beeindrucken. Der größte Teil der Frucht landet zwar schließlich in Verschnitten von Weinkellereien anderswo, dennoch sollte man diese Gegend im Auge behalten.

Goulburn Valley und Central Victoria

Bis das ultramoderne Unternehmen Mitchelton in den späten 1960er Jahren hier Fuß faßte, gab es im zwei Autostunden nördlich von Melbourne gelegenen Goulburn Valley nur einen einzigen größeren Weinbaubetrieb: Chateau Tahbilk. Das 1860 gegründete wundervolle alte Familienunternehmen produziert seit rund 100 Jahren Wein der Art, die in dieser Gegend nun einmal am besten gedeiht: vollblütiger Rotwein. Tahbilk hat noch einige der ursprünglichen Shiraz-Reben von 1860 im Bestand. Weißwein ist durch einen intensiven, recht langlebigen Riesling und die Regionalspezialität Marsanne vertreten.

Mitchelton zeichnet sich durch kompromißlos moderne Methoden aus. So wird der Marsanne verschwenderisch in neuen Eichenfässern behandelt, während der von Tahbilk ohne Faßausbau duftige Frische aufweist. Der Shiraz von Mitchelton zeigt sich bei guter Ausnutzung des warmen Klimas voll und geschmeidig, während der von Tahbilk verschlossen tanninherb ausfällt und lange Flaschenreife braucht.

Die Weinbaugebiete Bendigo und Heathcote westlich vom Goulburn Valley sind gleichfalls warm, da sie auf der Nordseite des Great Dividing Range liegen; auch hier gedeiht Rotwein am besten. Wie in vielen anderen Teilen Victorias lebten auch in dieser Gegend in den 1860er Jahren Goldsucher und Winzer Seite an Seite, hatten sich aber um die Jahrhundertwende wieder verzogen.

Alle Weinbaubetriebe in Bendigo und Heathcote sind klein und neu in der Gegend; den Anfang machte 1969 Balgownie, und in relativ kurzer Zeit schuf sich die Gegend einen Namen mit brillantem, konzentriertem Shiraz und Cabernet Sauvignon. Sandiger brauner Lehmboden herrscht hier wie in Goulburn vor, und die besten Weine – oft Shiraz aus unbewässerten Weinbergen – haben einen überaus markanten, ansprechenden Minzeton im reifen, schwarzfruchtigen Aroma.

Auch Ballarat südwestlich von Bendigo ist eine alte Goldgräberstadt. Hier wurde in relativ großer kühler Höhe in den 1970er Jahren die Schaumweinfirma Yellowglen gegründet. Seither ist nur eine Handvoll kleiner Weinbaubetriebe dazugekommen, doch es darf mit künftiger Expansion gerechnet werden.

North West Victoria

Von Mildura im Nordwesten Victorias aus erstrecken sich riesige, heiße, vom mächtigen Murray River bewässerte Rebflächen, werden um Swan Hill dünner und beginnen bei Echuca neu, wenn auch in kleinerem Maßstab.

Diese Rebflächen mit den dazugehörigen Kellereien tragen Victorias Hälfte zum großen Faß Australiens bei (siehe auch Riverland in Südaustralien und Riverina in Neusüdwales). Vor 100 Jahren war das Gebiet auf die Produktion von Dessertwein und Brandy eingeschworen. In Mildura produzierte die Mildara Winery Ozeane von zum Teil exzellentem «Sherry», aber Tischwein gab es hier so gut wie keinen.

Die um die Jahrhundertwende eingeführte Bewässerung brachte die große Wende. Heute steht der Name Mildara für zuverlässigen Qualitätswein. Ohne Wasser könnte dieses Gebiet die Riesenerträge an reifen, gesunden Trauben für die preiswerten fruchtigen Alltagsweine nicht hervorbringen, auf denen doch nach wie vor die beneidenswerte Reputation des australischen Weins in aller Welt ruht.

Mornington Peninsula

Die Halbinsel Mornington könnte sich in Maßstab und Stil gar nicht stärker vom Nordwesten und seinen riesigen Rebflächen und Kellereien unterscheiden. Auf dieser Landzunge, die sich südöstlich von Melbourne in die Bay hinauswindet, haben sich Wochenendwinzer (im Alltagsleben Ärzte, Zahnärzte und Rechtsanwälte) in großer Zahl zusammengefunden, um im Verein mit einigen größeren professionellen Weinbaubetrieben den Kühlklima- und Boutiqueweinbau auf die Spitze zu treiben. Tatsächlich trat der Weinbau hier – nach einigen Fehlstarts im 18. Jahrhundert und in den 1940er Jahren – erst zu Anfang der 1970er Jahre in Erscheinung, und seither ist die Zahl der Erzeuger in rasendem Tempo angewachsen. Das Gebiet hat einiges mit dem Yarra Valley gemeinsam, doch sind die Weine von Mornington meist zarter.

Das Flachland um Dromana am Meer ist der wärmste Teil der Halbinsel; dort kommt Cabernet Sauvignon voll zur Reife – dennoch zeigen die Weine ansprechend kräuterhafte Art. Der rote Boden und die Höhenlage am Red Hill bieten Chardonnay und Pinot Noir (oft zu Schaumwein verarbeitet) bessere Voraussetzungen, und das den Übergang bildende Klima auf der Ostseite bei Merricks scheint allen drei Rebsorten zu behagen. In einigen die Sonnenwärme besonders gut nutzenden Winkeln (v. a. Paringa Estate) kann ansprechend intensiver, würziger Shiraz entstehen.

Hier befinden sich einige der besten kleinen Weinbaubetriebe Victorias, u. a. Stonier's und Dromana Estate, die größeren Betriebe halten sich jedoch bislang zurück. Sie kaufen hier zwar in guten Jahren Trauben auf, wollen aber anscheinend keine eigenen Kellereien aufbauen.

Macedon Ranges und Sunbury

Der Kühlklimaweinbau schwingt sich im Hügelland von Macedon, eine Autostunde nördlich von Melbourne, zu neuen Höhen auf. Hier können manche Traubensorten nicht voll zur Reife gelangen, so daß die Lese sehr spät erfolgen muß. Da ist es nicht verwunderlich, daß frühreifende Sorten wie Chardonnay und Pinot Noir oft die besten Weine erbringen und exzellente Schaumweine eine Spezialität der Region bilden. Weiter im Norden bei Kyneton, das inzwischen als Unterbereich von Macedon gilt, gelingen Shiraz und Cabernet-Sauvignon-Verschnitte besser.

In Macedon sind alle Weinbaubetriebe neu: der älteste stammt von 1968. Dagegen geht im etwas wärmeren Sunbury weiter südlich zwischen Macedon und Melbourne die Geschichte des Weinbaus auf die 1860er Jahre zurück. Sunbury beherbergt zwei herrliche alte, aus blauem Tonsandstein erbaute Kellereien; die eine, Craiglee, produziert mit den würzigsten, ausgewogensten Shiraz in ganz Victoria.

Sonstige Gebiete

Victoria verfügt außerdem über Dutzende von Weinbaubetrieben, die entweder in keine anerkannten oder in nur durch reine Zweckmäßigkeit zusammengehaltene, vielgestaltige Weinbauregionen fallen. Das gilt z. B. für eine Reihe von Betrieben weit östlich von Melbourne, die unter der Bezeichnung Gippsland vereint sind, obschon die beiden besten, Nicholson River und Bass Phillip, 160 km voneinander entfernt liegen (der erstere produziert mit den besten Chardonnay, der zweite den besten Pinot Noir Australiens – beide in winzigen Mengen).

Gleichermaßen hat sich eine kleine Gruppe von Weinbaubetrieben im äußersten Südwesten Victorias etabliert, v. a. Crawford River und Seppelt's Drumborg Vineyard. Es handelt sich um kompromißlos kühle Lagen, die stahligen Riesling, guten Schaumwein und kräuterwürzigen Cabernet Sauvignon hervorbringen.

Quer durch Victoria ist eine Handvoll kleiner Betriebe in hohen Lagen verstreut, die in keine Region fallen, aber dennoch großartigen Wein erzeugen; auf Chardonnays von Giaconda und Rieslinge von Delatite sollte man ein waches Auge haben.

Western Australia

Auf Westaustralien entfällt nur ein geringer Teil der australischen Weinproduktion, aber was ihm an der Menge fehlt, macht es bei der Qualität mehr als nur wett. Die Weinbaubetriebe sind über den Südwestrand dieses enorm großen Bundesstaats verstreut, und obwohl sie oft etliche hundert Kilometer voneinander entfernt liegen, herrscht zwischen ihnen ein reger, meist hochwillkommener Austausch. Es kommt sogar vor, daß Trauben aus Westaustralien nach Osten transportiert werden und dort in Verschnitte eingehen – so gut ist die Qualität dieser Frucht.

Die besten Weinbaubereiche Westaustraliens haben sich mit Weinen von ausgesprochen regionalem Charakter – Margaret River Cabernet Sauvignon und Great Southern Riesling kommen einem sofort in den Sinn – in relativ kurzer Zeit eine große Reputation geschaffen. Diese Abstimmung zwischen Rebsorte und Region breitet sich inzwischen im ganzen Land aus; längst vergangen sind die Zeiten, als selbst der kleinste Weinerzeuger allen alles, vom «Champagner» bis zum «Port», bieten wollte; inzwischen ist Spezialisierung angesagt.

Westaustralien erinnert stets daran, wie ungeheuer groß Australien eigentlich ist und wie unterschiedlich seine Weinbauregionen sein können. Wenn man bedenkt, daß es von Perth bis Sydney genau so weit ist wie von Moskau bis London, dann wundert man sich nicht mehr darüber, daß das Weinjahr in Westaustralien nichts mit dem im Osten des Kontinents gemein hat.

Swan Valley, Perth Hills und Geographe

Der Weinbau Westaustraliens nahm im frühen 19. Jahrhundert seinen Anfang im heißen Swan Valley. Zwei der besten und interessantesten Betriebe, Houghton (der größte in Westaustralien) und Sandalford, stammen aus jener Zeit. Im warmen Klima und auf den tiefgründigen, durchlässigen Böden ist es leicht, reife Trauben zu ziehen, die hier seit fast 150 Jahren in gehaltvolle Rot- oder Süßweine verwandelt werden.

△
Der Hanging Rock, Kulisse eines denkwürdigen Films, überragt den gleichnamigen Weinbaubetrieb in Macedon, Victoria.

△ *Reben und Schafe beherrschen das Bild des für exzellenten Chardonnay bekannten Weinbaubetriebs Cullen in der Region Margaret River (Western Australia).*

Da überrascht es schon, daß der bekannteste und auch beste Wein der Region ein Weißwein ist: der berühmte, von Chenin Blanc dominierte, fruchtige Houghton White Burgundy (kurz HWB), der im Alter schöne Honigfülle annimmt.

Östlich von Perth trifft man im Hügelland der Darling Ranges eine ganze Reihe von neuen Weinbaubetrieben an, die von dem etwas kühleren Klima profitieren. Südlich von Perth bis fast zum Margaret River befinden sich verstreute Weinbaubetriebe unter dem Dach der Regionalbezeichnung Geographe oder South West Coastal Plain. Sie alle kommen in den Genuß des gleichen grauen Sandbodens, aber das Klima ist unterschiedlich und wird nach Süden hin immer kühler. Hier sind neben Chardonnay und Riesling auch schon elegante Rotweine entstanden.

Margaret River

Die Weinbauregion Margaret River verdankt ihr Dasein eher wissenschaftlichen Überlegungen als romantischer Tradition. Sie entstand Ende der 1960er Jahre aufgrund einer Studie, die zu dem Schluß kam, hier müsse Wein herrlich gedeihen, weil Boden und Klima Ähnlichkeiten mit Bordeaux zeigen. Daneben aber bildet die Schönheit der Landschaft am Margaret River schon Grund genug, sich hier niederzulassen.

Inzwischen bezeugen viele gute Weine, daß sich das Klima dieser Region, 320 km südlich von Perth, tatsächlich hervorragend für den Weinbau eignet. Es ist weder zu warm noch recht eigentlich kühl, was vielen Rebsorten zusagt.

Einer alten australischen Tradition gemäß – man denke an Dr. Penfold und Dr. Lindeman – waren auch hier Ärzte die ersten, die Reben pflanzten und Wein kelterten: Dr. Cullity bei Vasse Felix, Dr. Pannell bei Moss Wood und Dr. Cullen bei Cullen. Diese drei erzeugten mit die besten Cabernet Sauvignons, die Australien je erlebt hat, und bald kamen viele neue Weinbaubetriebe hierher.

Heute sind am Margaret River viele große Namen des Weinbaus beheimatet, deren Größe allerdings nicht immer auf der Produktionsmenge beruht. Cabernet Sauvignon, entweder für sich oder im Verschnitt mit Merlot und Cabernet Franc, ist nach wie vor der größte Trumpf der Region; er erbringt Wein mit reiner Frucht von schwarzen Johannisbeeren, fester, straffer Struktur und nach einiger Flaschenreife magischer Komplexität. Neuerdings hat sich auch der Chardonnay hier eine Nische erobert und liefert Weine von enormer Intensität und Fülle; allerdings produziert Leeuwin Estate schon seit den frühen 1980er Jahren gute Chardonnays.

Unter den interessanten Weinen der Gegend befinden sich außerdem frischer, saftiger Sémillon, oft im Verschnitt mit Sauvignon Blanc, aber auch pfefferiger Shiraz und bei Cape Mentelle der beste in Australien produzierte Zinfandel.

Great Southern

Ebenfalls aufgrund einer Studie entstand diese weite Region mit vielen über etliche hundert Quadratkilometer am Südrand von Westaustralien verstreuten Weinbaubetrieben. Die ersten ließen sich zunächst noch zögernd um die Mitte der 1960er Jahre nieder, dann kamen weitere mit wachsender Zuversicht ab den 1970ern nach Mount Barker, Frankland, Denmark und Albany, wo die graubraunen Lehmböden einander ganz ähnlich sind.

Das Klima ist unterschiedlich – der kühlende Einfluß des Meers, der sich in Denmark und Albany bemerkbar macht, tut weiter landeinwärts am Mount Barker offenbar keine Wirkung mehr, doch reichlich warm sind alle diese Gegenden.

Wie in einer neuen Weinbauregion nicht anders zu erwarten, wurden zahlreiche Rebsorten erprobt, von denen sich bisher der Riesling, der hier verhaltener und weniger limonenfruchtig ausfällt als im Clare Valley, aber eine ähnliche Fähigkeit zu anmutiger Entfaltung zeigt, als am besten und markantesten erweist.

An einzelnen Stellen schneidet Pinot Noir außerordentlich gut ab, Cabernet Sauvignon gehört zu den elegantesten im Land, und neuerdings beeindruckt Shiraz mit erstaunlicher Nähe zu Rhône-Wein.

Sonstige Gebiete

Wie in Südaustralien werden auch in Westaustralien ständig neue Weinbaugebiete entdeckt, und es ist noch viel Land zu erproben.

Die neueste Gegend ist Pemberton auf halbem Weg zwischen Albany und dem Margaret River. Die kühle Region mit ihrer spektakulären Eukalyptuskulisse beherbergt einige ganz neue Kleinbetriebe, aber auch riesige Weinplantagen großer Firmen, vor allem von Houghton im Swan Valley. Hier herrscht noch Gründerzeit, doch zeigen Chardonnay und Pinot Noir schon gute Aussichten.

Wer weiß, was wo im Westen als nächstes auftaucht ...

Queensland / Northern Territory

Sie waren schon manchmal wie besessen, die australischen Weinbaupioniere im 19. Jahrhundert. Manche pflanzten sogar Weinberge im fraglos heißen Süden von Queensland, das nicht umsonst den Beinamen Sunshine State trägt. So entstand bei

Roma das heißeste, sonnenreichste Weinbaugebiet Australiens. Nur in Alice Springs mitten in der Wüste im Northern Territory ist es noch heißer.

Als die neuen Winzer von Queensland in den 1960er und 70er Jahren ihre Weinberge anlegten, wählten sie dafür eine Stelle südlich von Roma unmittelbar an der Grenze zu Neusüdwales. Hier im sogenannten Granite Belt wird die Hitze durch die Höhenlage von mehr als 700 m gemildert. Dennoch machen die überaus starke Sonneneinstrahlung und Herbstregen es schwer, in Queensland Trauben gut zu kultivieren. Deshalb gilt Wein aus dieser Gegend eher als Kuriosität. Die erfolgreichste Rebsorte ist hier bislang der Shiraz, der in Bestform aus Erzeugerbetrieben wie Ballandean Estate würzig, voll und intensiv ausfallen kann.

Da ist aber auch noch Chateau Hornsby – dieses Weingut mitten im heißen roten Herzen Australiens wurde vor 20 Jahren gegründet und nimmt für sich den Ruhm in Anspruch, als erstes in der Welt Jahr für Jahr am 1. Januar mit der Lese zu beginnen.

Tasmanien

Abgesehen von Queensland ist Tasmanien das kleinste Weinbauland Australiens; auf der ganzen Insel werden nur etwa 2000 t Trauben jährlich gekeltert – demgegenüber in Australien insgesamt 900 000 t.

Weinbau treiben hier fünf kleine, voneinander unabhängige Gebiete: Piper's Brook und Tamar Valley im Norden bei Launceston, Hobart im Süden sowie Coal River und Freycinet Peninsula an der Ostküste. Im Norden ist es geringfügig wärmer als um Hobart – trotzdem fallen alle diese Gebiete in den Randbereich des Kühlklimaweinbaus. Vulkanische Böden wechseln mit Sand und dunklem Schwemmlandboden ab, und überall auf der Insel verursacht Wind oft Probleme.

Die ersten Weinberge wurden in Tasmanien schon in den 1820er Jahren angelegt; Edelreiser aus tasmanischen Rebschulen lieferten den Grundstock für viele

△
Denis Hornsby inspiziert seinen Weinberg in Alice Springs.

Weinpflanzungen in Südaustralien und Victoria. Als dort aber der Weinbau florierte, war er in Tasmanien wieder verschwunden, zum Teil wegen des unbestreitbar kühlen Klimas. Die ersten Weinberge der modernen Ära wurden in den 1950er Jahren vor allem von Moorilla Estate bei Hobart angelegt, aber erst Piper's Brook Vineyard schöpfte Anfang der 1970er Jahre das Potential Tasmaniens wirklich aus.

Ähnlich wie bei der Gründung des Weinbaugebiets am Margaret River in Westaustralien hatte der Weinbauwissenschaftler Andrew Pirie in einer ganz Australien umfassenden Studie festgestellt, daß die Region Piper's Brook manchen Weinbaugebieten in Frankreich nahe kommt – also pflanzte er dort einen Weinberg und kelterte Wein. Der Erfolg von Piries Weinen ermutigte viele zur Nachahmung. Bald folgte mit Heemskerk ein relativ großer Erzeugerbetrieb, und heute besteht Tasmaniens Weinbau aus vielen kleinen Weingütern und einigen Großpflanzungen, die ihre Frucht an Kellereien auf dem Festland liefern. Alles in allem treiben hier über 50 Betriebe gewerbsmäßigen Weinbau.

Die Weine Tasmaniens geben ihren Ursprung aus einem kühlen Klima deutlich zu erkennen. Der erst seit kurzem produzierte Schaumwein gehört zu den erfolgreichsten Weinstilen der Region, denn die lange Wachstumsperiode begünstigt die Entstehung schöner, frischer Säure; deshalb geht auch ein großer Teil der für Kellereien auf dem Festland bestimmten Frucht dort in dieses immer beliebtere Getränk ein. Riesling, Gewürztraminer und Pinot Gris gedeihen hier ausgezeichnet und entwickeln stahlige Frische und Entfaltungsfähigkeit; Riesling mit Edelfäule entsteht zwar selten, ist dann aber exzellent. Der allgegenwärtige Chardonnay hat natürlich auch in Tasmanien so festen Fuß gefaßt wie anderswo und bringt Wein mit pikantem Pfirsicharoma und oft vollmundiger Reichhaltigkeit hervor.

Bei Rotwein lag hier anfänglich der Schwerpunkt auf Cabernet Sauvignon, der in besseren Jahren attraktiven, leichten Wein hervorbringt, inzwischen aber hat sich der Pinot Noir als weitaus besser erwiesen. In Bestform liefert diese Rebsorte in der Region Piper's Brook und in manchen Gegenden an der Ostküste Weine mit tiefer Kirschfrucht und würziger Komplexität.

△
Das kühle Klima Tasmaniens schlägt sich in säuerlich frischen Schaumweinen nieder.

Empfehlenswerte Erzeuger

New South Wales

Lower Hunter

Brokenwood – Kleiner, hochklassiger Betrieb mit großartigem Hunter Sémillon (Cricket Pitch) und Shiraz (Graveyard).
Lake's Folly – Der erste Betrieb der neueren Zeit in der Region (erbaut in den 1960er Jahren) produziert nach wie vor eleganten Cabernet Sauvignon und komplexen Chardonnay.
Lindemans – Das im Hunter Valley beheimatete, in den drei wichtigsten Staaten Australiens tätige Unternehmen produziert im Hunter Valley guten, traditionellen Sémillon und Shiraz, in Padthaway feine Weine und in Coonawarra große Rotweine; hinzu kommen überregionale Verschnitte, der berühmteste ist der Bin 65 Chardonnay.
McWilliams Mount Pleasant – Traditionelle Hunter-Weine: erdiger Shiraz und glorreicher Sémillon – beide kommen erst nach mehreren Jahren Flaschenreife auf den Markt.
Tyrrells – Ziemlich großer Familienbetrieb, zu Recht berühmt geworden durch den ersten marktgängigen Chardonnay Australiens, Vat 47 – noch immer einer der besten im Land.

Upper Hunter

Rosemount Estate – Der große Familienbetrieb produziert ein breites Programm an Weinen aus ganz Südostaustralien. Am besten gerät oft Upper Hunter Chardonnay (Roxburgh), McLaren Vale Shiraz (Balmoral) und Chardonnay aus Orange, Neusüdwales.

Mudgee

Huntington Estate – Dichter Cabernet Sauvignon und Shiraz mit großer Geschmacksfülle von einem der kleineren Erzeuger in Mudgee.
Montrose – Der größte Betrieb der Gegend, heute im Besitz von Orlando-Wyndham, produziert gute Weine, v. a. kräftigen Shiraz.

Riverina

De Bortoli – Erzeugerbetrieb mit preiswerten Alltagsweinen, aber auch dem unumstrittenen Spitzendessertwein Australiens, dem edelsüßen Sémillon Noble One. Der Zweigbetrieb im Yarra Valley in Victoria produziert hochwertige Kühlklimaweine.

South Australia

Adelaide Plains

Barossa Valley Estate – Preiswerte Weine unter dem Etikett BVE; hochpreisiger konzentrierter Shiraz unter dem Etikett E&E.
Primo Estate – Spritzige junge Weine namens Primo; seriöse Rotweine (z. B. Cabernet Sauvignon/Merlot im Amarone-Stil) namens Joseph.

Adelaide Hills

Lenswood Vineyards – Tim Knappstein (früher Clare Valley) erzeugt jetzt in den Adelaide Hills superben Sauvignon Blanc, Chardonnay und Pinot Noir.
Petaluma – Hier produziert Kellermeister Brian Croser Schaumwein und Chardonnay von Frucht aus den Adelaide Hills sowie einen umwerfenden Riesling aus Weinbergen in Clare und großartige Rotweine aus Coonawarra.
Shaw & Smith – Der Flying Winemaker Martin Shaw und Australiens erster Master of Wine Michael Hill-Smith produzieren frischen Sauvignon Blanc und vollen Chardonnay.

Barossa Valley

Charles Melton – Am besten: voller, sanfter Barossa Shiraz und der vage Rhône-ähnliche Grenache/Shiraz/Mourvèdre-Verschnitt «Nine Popes».
Orlando – Großer Erzeuger, am bekanntesten durch die vielverkaufte Marke Jacob's Creek (ein überregionaler Verschnitt), produziert ferner gute Weine u. a. aus Coonawarra und dem Eden Valley.
Penfolds – Der bekannteste australische Weinbaubetrieb ist auf Rotwein spezialisiert – vom schlichten Koonunga Hill über den großen 707 Cabernet Sauvignon bis zum mächtigen Grange Shiraz –, bietet inzwischen aber auch gute Weißweine.
Peter Lehmann – Peter Lehmann, eines der großen Originale von Barossa, erzeugt mit die besten Rot- und Weißweine der Region.
Rockford – Kleine Kellerei, fast ein Kultbetrieb, mit hochkonzentriertem Basket Press Shiraz und wundervollem schäumendem Black Shiraz.
St Hallett – Ebenfalls ein erstklassiger Rotweinerzeuger; an der Spitze des Programms

steht der Old Block Shiraz von alten, ertragsschwachen Reben.
Yalumba – Alter Betrieb mit einer blendenden Weinpalette – vom preiswerten Schaumwein Angas Brut bis zu hochpreisigen, kraftvollen Barossa-Rotweinen. Verfügt auch über die ausgezeichneten Lagen Pewsey Vale und Heggies im kühleren Eden Valley.

Eden Valley

Henschke – Traditioneller Betrieb, bekannt für komplexe, erdige Rotweine, der berühmteste heißt Hill of Grace. Verfügt auch über gute Lagen im Lenswood District in den Adelaide Hills.
Mountadam – In den 1970er Jahren australischer Pionier für seriösen Pinot Noir und Chardonnay aus kühlerem Klima.

McLaren Vale

Chapel Hill – Exzellenter Riesling aus dem Eden Valley, Shiraz vom McLaren Vale und Cabernet Sauvignon aus Coonawarra (die beiden letzteren oft im Verschnitt).
D'Arenberg – Früher ein standhaft traditionsverbundener Erzeuger von rustikalen, langlebigen Rotweinen, jetzt mit erweitertem Programm und angehobener Qualität.
Hardys – Berühmter, altetablierter Erzeugerbetrieb mit breiter Palette vom Schaumwein bis zum klassischen, vollmundigen, an Schokolade erinnernden Eileen Hardy Shiraz.
Mount Hurtle – Der berühmte Flying Winemaker Geoff Merrill produziert unter dem eigenen Namen elegante, seriöse und unter dem Etikett Mount Hurtle fruchtbetonte, ausgewogene Weine.
Seaview – Preiswerte Rot-, Weiß- und Schaumweine (meist als überregionale Verschnitte) sowie das höherpreisige Programm Edwards & Chaffey von Frucht aus dem McLaren Vale.
Wirra Wirra – Erzeuger von stämmigen, fast europäisch wirkenden Rotweinen mit Finesse und Komplexität unter reifer Frucht.

Clare

Grosset – Kleiner, aber brillanter Erzeuger von umwerfend intensivem Riesling, großem Chardonnay und Pinot (von Frucht aus den Adelaide Hills) sowie straffem Cabernet-Verschnitt.
Knappstein – Tim Knappstein ist zwar nicht mehr dabei, sein Vermächtnis – geschmeidige Cabernets und frische Weißweine – aber noch immer spürbar.
Leasingham – Wiederbelebter Betrieb in Clare mit großen Besitzungen und guten Weinen. Am eindrucksvollsten sind Riesling und Shiraz.
Sevenhill – Der von Jesuiten produzierte Wein (v. a. der Riesling und ein roter Shiraz/Malbec) gehört oft zu den besten der Region.
Wendouree – Höchst gefragter Betrieb mit Rotwein von unglaublicher Konzentration und Lebenskraft aus einem alten Weinberg.

Coonawarra

Bowen Estate – Erzeuger eines der fülligsten Weine der Region, in dem sich Coonawarra-Finesse mit reichlich reifer Frucht vereint.
Katnook – Ziemlich großer Erzeuger mit gutem Cabernet Sauvignon und Merlot und oft exzellentem Sauvignon Blanc.
Mildara – Großunternehmen mit Weinbergbesitz in Coonawarra, aus dem herrlicher Cabernet Sauvignon kommen kann.
Penley Estate – Kym Tolley, früher bei Penfolds, produziert höchst konzentrierten, vollen und opulenten Cabernet Sauvignon, mit den besten der Region.
Wynns – Der bekannteste Erzeuger in Coonawarra bringt eine ganze Palette löblicher Weine hervor, vom preiswerten White Label Shiraz bis zu den monumentalen Flaggschiffen John Riddoch Cabernet Sauvignon und Michael Shiraz.

Victoria

Yarra Valley

Coldstream Hills – Der Traumbetrieb des Weinautors James Halliday ist Wirklichkeit geworden und produziert großen Chardonnay, Pinot Noir und Cabernet Sauvignon.
Green Point (Domaine Chandon) – Der australische Zweigbetrieb des Champagnerhauses Moët & Chandon bringt mit die besten Schaumweine des Landes hervor.
Mount Mary – Dieser Betrieb gehört zu denen, die für die Renaissance des Yarra Valley verantwortlich zeichnen: eleganter, komplexer Cabernet Sauvignon und oft brillanter Pinot Noir.

△
John Duval, Chefkellermeister bei Penfolds im Barossa Valley (South Australia).

Oakridge Estate – Kräftiger, eindrucksvoll komplexer Cabernet Sauvignon, oft der beste aus dem Yarra Valley.
Tarrawarra – Spezialist für Pinot Noir und Chardonnay, beide mit «burgundischen» Techniken bereitet und stets exzellent.
Yarra Yering – Auch ein für die Renaissance verantwortlicher Betrieb. Seine Rotweine, v. a. der Cabernet-Sauvignon-Verschnitt Dry Red No. 1, zählen zu den konzentriertesten Australiens.

Geelong

Bannockburn – Seit langem Erzeuger von erstklassigem robustem Pinot Noir und köstlichem Chardonnay, nun auch mit würzigem pfefferigem Shiraz erfolgreich.
Scotchmans Hill – Neuer Erzeuger mit guten Weinen von einheimischer und zugekaufter Frucht; am besten meist Sauvignon Blanc und Pinot Noir.

Grampians

Best's – Traditioneller Betrieb mit etlichen über 100 Jahre alten Weinstöcken. Der Shiraz ist oft außerordentlich intensiv.
Mount Langi Ghiran – Exzellenter Betrieb mit abwechslungsreichem Programm, u. a. pfefferiger Shiraz, voller Riesling und guter Pinot Grigio.
Seppelt Great Western – Der Vorzeigebetrieb der Region mit uralten Kellerstollen für die Reifung von Schaumwein, neben ungeheuer vollem Shiraz die Spezialität des Hauses. Ein weiterer historischer Betrieb, Seppeltsfield im Barossa Valley, ist auf alkoholangereicherte Weine spezialisiert.

Pyrenees

Blue Pyrenees Estate – Das ehemalige Château Rémy produziert heute gute Schaumweine sowie den «europäisch gestylten» roten Verschnitt Blue Pyrenees.
Dalwhinnie – Winziger Familienbetrieb mit vollem, eichenduftigem Chardonnay, kräftigem Cabernet Sauvignon und straffem, brombeerwürzigem Shiraz.
Taltarni – Der größte Betrieb des Gebiets produziert ein volles Programm vom Schaumwein aufwärts; am besten sind die oft ungeheuer tanninherben Rotweine, v. a. Cabernet Sauvignon.

North East Victoria

Baileys – Der alte Betrieb in Glenrowan südlich von Rutherglen produziert den üppigsten Muscat und Tokay der Region, aber auch heroisch gebauten Shiraz.
Brown Brothers – Ziemlich großer Familienbetrieb mit einem unerhört breitgefächerten Weinprogramm, in dem anscheinend jede Rebsorte der Erde vertreten ist.
Campbells – Erzeuger von eher verhaltenen alkoholangereicherten Weinen sowie von einigen Rotweinen im neuen Stil, u. a. würzigem Bobbie Burns Shiraz.
Morris – Unerschütterlich traditionsverbundener Erzeuger von herzhaften Rotweinen und hinreißend komplexem, überaus köstlichem Liqueur Muscat.

Goulburn Valley

Chateau Tahbilk – Ebenfalls ein historischer traditioneller Betrieb mit tanninherben langlebigen Rotweinen und einem wundervollen, spritzigen und ebenfalls langlebigen Marsanne-Weißwein.
Mitchelton – Der moderne Betrieb (1969), Tahbilk gegenüber am Goulburn River gelegen, vertreibt eine breite Weinpalette von gutem Riesling bis zu lebenssprühendem Shiraz.

Central Victoria

Jasper Hill – Der beste Betrieb von Heathcote produziert vollen, blumigen Riesling und dichte, duftige Rotweine, die sich schon jung überraschend gut trinken.
Yellowglen – Der einzige größere Betrieb in der Region Ballarat westlich von Melbourne produziert nur Schaumwein – manchmal sehr guten.

Mornington Peninsula

Dromana Estate – Erzeugt exzellenten Cabernet Sauvignon und Chardonnay und neuerdings ein Programm an italienischen Sortenweinen (Nebbiolo, Barbera) von zugekauften Trauben.
Paringa Estate – Kleiner, aber exzellenter Betrieb mit dem besten Shiraz der Gegend und überwältigend würzigem Pinot Noir.
Stonier's – In Bestform können die Chardonnay- und Pinot Noir Reserves die Spitzenweine der Region sein.

Macedon Ranges und Sunbury

Craiglee – Historischer Weinbaubetrieb mit guten Weinen; am besten ist der ausgewogene, würzige Shiraz.

Hanging Rock – Schaumwein ist hier die große Passion, aber auch die anderen Weine sind gut, v. a. der aus Heathcote zugekaufte Shiraz.

Virgin Hills – Eigenwilliger Betrieb mit nur einem einzigen Wein: einem guten bis sehr guten Verschnitt aus vielen Rotweintraubensorten.

Western Australia

Swan Valley

Houghton – Der größte Erzeugerbetrieb Westaustraliens produziert Wein von einheimischer und aus dem ganzen Staat antransportierter Frucht, auch unter dem Etikett Moondah Brook.

Sandalford – Der Betrieb im Swan Valley produziert überregionale Verschnitte in etwas größeren Mengen.

Geographe

Capel Vale – Abgelegener Betrieb mit oft hervorragenden Weinen, u. a. stahligem Riesling und kräuterwürzigem Cabernet Sauvignon.

Margaret River

Cape Mentelle – Erfolg mit großartigem Cabernet Sauvignon, Chardonnay, Zinfandel, Sémillon/Sauvignon Blanc und Shiraz. Zum Besitz gehört das durch Sauvignon Blanc berühmt gewordene Gut Cloudy Bay in Neuseeland.

Cullen – Brillanter, konzentrierter Cabernet Sauvignon, komplexer Chardonnay und ungewöhnlicher eichenfaßgereifter Sauvignon Blanc von einem der besten Kellermeister der Region.

Leeuwin Estate – In diesem Prunkstück von einem Betrieb ist Chardonnay der Star: ein vielschichtiger Wein von extrem ertragsbeschränkten Reben.

Moss Wood – Auch hier großartiger Cabernet Sauvignon, aber in zugänglicherer, gerbstoffärmerer Art als bei den Nachbarn.

Pierro – Der noch recht neue Betrieb wetteifert bereits mit Leeuwin um die Spitzenstellung bei Chardonnay.

Great Southern

Goundrey – Ambitiöser Großbetrieb mit erstaunlich guten Weinen, v. a. exzellentem Shiraz und blumigem Riesling.

Howard Park – John Wade produziert Wein für viele andere Betriebe in Westaustralien, sein eigener Howard-Park-Wein ist aber meist am besten: exzellenter Cabernet Sauvignon und kräftiger, duftiger Riesling.

Plantaganet – Setzt in dieser Gegend die Maßstäbe für Chardonnay (v. a. ohne Faßbehandlung) und intensiven pfefferigen Shiraz.

Wignalls – Der fast einzige Betrieb in Albany produziert beständig wundervollen Pinot Noir mit Waldboden im Aroma.

Tasmania

Freycinet – Der Betrieb erregt mit vollem, überaus komplexem, würzigem Pinot Noir neuerdings viel Aufmerksamkeit.

Heemskerk – Der Schaumwein Jansz ist nicht nur das beste Produkt des Hauses, sondern auch der Beste seiner Art im ganzen Staat: frisch, apfelduftig, nachhaltig.

Piper's Brook – Der Erstling in Tasmanien produziert überaus köstliche Weine, vom «Elsässer Trio» Riesling, Gewürztraminer und Pinot Gris bis zu kräuterwürzigem, elegantem Cabernet Sauvignon.

△

Dr. Andrew Pirie, Weinbaupionier bei Piper's Brook Vineyard in Tasmanien.

Neuseeland

WOMIT ERREGT DER WEIN AUS DER HEIMAT DER KIWIS EIGENTLICH SOLCHES AUFSEHEN? Es ist das Aroma. Die Weinbauwissenschaft charakterisiert Neuseeland als «Kühlklimaland», wo die Trauben langsam reifen und infolgedessen frische, lebendige Säure bewahren, während sich zugleich reiche Aromen entwickeln. Der Sauvignon Blanc aus Neuseeland ist der pikanteste der Welt, und auch der Chardonnay, Riesling, Gewürztraminer und die flaschenvergorenen Schaumweine zeichnen sich durch duftige, vollaromatische Art aus. Die Rotweine von Cabernet Sauvignon, Merlot und Pinot Noir haben manchmal Reifeprobleme, die feinsten aber zeigen eine Delikatesse, die an Frankreich erinnert.

Es war Sauvignon Blanc mit atemberaubend intensivem kräuterfrischem Aroma, der in den 1980er Jahren erstmals den neuseeländischen Wein ins Scheinwerferlicht rückte. Seither erlebt das Ansehen seiner Heimat einen kometenhaften Aufstieg – bei einem Anteil von nur 1 % an der Weltweinproduktion eine beachtliche Leistung.

▽
Blick aus dem herrlich gelegenen Rippon Vineyard über den Lake Wanaka in Central Otago.

Die ersten nachgewiesenen Rebenpflanzungen in Neuseeland legte der anglikanische Missionar Samuel Marsden 1819 in Kerikeri nördlich von Auckland an. Als erster Weinerzeuger ist der Schotte James Busby, der erste britische Geschäftsträger in Neuseeland, belegt. Als der französische Forschungsreisende Dumont d'Urville im Jahr 1840 Busby in Waitangi besuchte, wurde ihm «ein leichter, sehr spritziger und köstlicher Weißwein» vorgesetzt. Französische Geistliche und Bauern, aber auch Schafzüchter, dalmatinische Kautschukfarmer und viele andere nährten im 19. Jahrhundert die von Busby entzündete Flamme. Dann aber verflüchtigten sich unter den Angriffen des Mehltaus, der Reblaus und prohibitionistischer Eiferer die damaligen Träume von einem blühenden neuseeländischen Weinbau.

In den 1920er und 30er Jahren vollzog sich ein allmähliches unauffälliges Wachstum. Im 2. Weltkrieg, als die Zölle auf Weine aus Übersee heraufgesetzt wurden, kam es dann zu einem Boom, der sich in den 1950er und 60er Jahren weit-

gehend dank der Tätigkeit des Präsidenten des Weinbauverbands, George Mazuran, als Lobbyist und Weinerzeuger fortsetzte. Er rang in dieser Zeit mehreren Regierungen Zugeständnisse ab: die Lockerung der Mindestabsatzauflagen für Weinerzeuger und Weinfachgeschäfte, die Öffnung weiterer Vertriebskanäle im Einzelhandel und die Freigabe des Weinverkaufs in Restaurants. Diese legislativen Maßnahmen bildeten das Fundament für das phänomenale Wachstum in neuerer Zeit.

Allerdings beherrschten bis in die 1970er Jahre aufgespritete Weine die Produktion. Das beliebteste Getränk war Bier, und die wenigen Liebhaber von Tischwein bevorzugten importierte Gewächse. Einheimische Produkte waren meist starke, süße «Sherrys» und «Ports», typische Erzeugnisse eines warmen Klimas. Nach dem 2. Weltkrieg brachten aus Frankreich und Italien heimkehrende Soldaten ein neues Weinverständnis mit. Das Interesse an Süßwein nahm ab, und eine regere Nachfrage nach Tischwein bescherte dem Weinbau Neuseelands eine goldene Chance.

1960 war die neuseeländische Rebfläche von 388 ha vorwiegend mit Albany Surprise, Baco 22A und Seibel 5455 bestockt, alles minderwertige amerikanische Labrusca- oder Hybridrebsorten, die dem Kellermeister wenig Spielraum boten. Für die damals populären fruchtigen, lieblichen Weißweine verlegten sich die Winzer auf die frühreifende, ertragreiche Müller-Thurgau-Rebe aus Deutschland, die 1975 schließlich die meistangebaute Rebsorte war und 15 Jahre lang blieb. Erst im darauffolgenden Jahrzehnt liefen mit allmählich zunehmendem Geschmack der Neuseeländer an trockenen weißen und roten Qualitätsweinen die hochwertigen Rebsorten Riesling, Chardonnay, Cabernet Sauvignon, Pinot Noir, Sauvignon Blanc und Merlot dem schlichteren Müller-Thurgau nach und nach den Rang ab.

Während das gemäßigte Klima als der wichtigste Pluspunkt für den Weinbau Neuseelands gelten darf, so hält es doch andererseits als Plage für die Winzer ergiebige Niederschläge zur unrechten Zeit bereit. Starke Regenfälle verzögern oft den Reifeprozeß und vergrößern die Fäulnisgefahr, vor allem in den Regionen Auckland und Waikato. Infolgedessen wurden im vergangenen Jahrzehnt die meisten Neuanpflanzungen in dem trockeneren Streifen entlang der Ostküste der beiden Inseln von der Hawke's Bay bis Canterbury angelegt.

Auch wenden sich viele qualitätsorientierte Winzer von den schweren Lehmböden in Auckland und den fruchtbaren Ebenen von Gisborne und der Hawke's Bay ab und steinigeren, wasserdurchlässigeren Lagen zu, auf denen die Wuchskraft der Reben gebremst und die Fruchtreife gefördert wird. Daneben ist im Weinberg bei Rebschnitt und Laubdachpflege viel geleistet worden, was sich für die Bekämpfung von Krankheiten und die Verbesserung der Fruchtreife günstig auswirkt.

Der Weinexport Neuseelands, vor allem nach England, Australien, Schweden und Kanada, erreichte im Wirtschaftsjahr 1996 einen Wert von 60 Millionen NZ$. Demgegenüber brachte er 10 Jahre zuvor lediglich 3,9 Millionen NZ$ ein. Über 90 % seines Ertrags erzielt der Weinbau in nur drei Regionen: Marlborough, Hawke's Bay und Gisborne. Alles in allem erstrecken sie sich über 1000 km und sichern dem neuseeländischen Wein ausgeprägte regionale Unterschiede. Dieser Kontrast wird im Vergleich eines frischen Sauvignon Blanc aus Marlborough mit einem seiner milderen Verwandten von der Hawke's Bay deutlich.

△
In der durch Weißwein bekannt gewordenen fruchtbaren Region Gisborne/Poverty Bay grasen Schafe neben den Reben.

Auckland/Northland

Seit der Jahrhundertwende ist Auckland eines der Kerngebiete des neuseeländischen Weins. Inzwischen hat die Region infolge der starken Zunahme der Neuanpflanzungen im Süden an Bedeutung eingebüßt – heute entfallen auf Auckland nur noch 3 % der Gesamtrebfläche –, dennoch haben viele Weinbauunternehmen nach wie vor hier ihren Hauptsitz und bilden den Schwerpunkt der Weinverarbeitung.

Ein großer Teil der Weinbaubetriebe von Auckland befindet sich westlich der Stadt bei Henderson und um die ländlichen Orte Kumeu, Huapai und Waimauku. Andere sind auf Waiheke Island bei Matakana, eine Autostunde nördlich der Stadt, und in South Auckland ansässig. Einige der bedeutendsten Namen im Weinbau Neuseelands – Corbans, Villa Maria, Nobilo, Babich, Delegat's, Matua Valley, Selaks, Coopers Creek, Collards, Kumeu River – haben ihren Sitz in Auckland selbst und verarbeiten Traubengut sogar aus dem fernen Marlborough auf der Südinsel. Montana, ebenfalls ein großer Erzeugerbetrieb, hat sein Hauptquartier mit riesigem Verarbeitungs- und Lagerungskomplex in der Vorstadt East Auckland.

Von der Insel Waiheke im Hauraki Gulf vor Auckland, wo die sommerlichen Niederschläge geringer und die Temperaturen dafür wärmer sind als auf der Hauptinsel, kommt ein schmaler Strom Rotwein auf Cabernet-Sauvignon- und Merlot-Basis.

Dickschalige Rebsorten wie Cabernet Sauvignon bewähren sich gut im warmen, aber oft feuchten Klima Aucklands. Mehrere Betriebe im Westen von Auckland bringen eindrucksvolle Chardonnay-Gutsweine, eichenfaßgereifte Sauvignon Blancs sowie auf Cabernet beruhende Rotweine hervor und stärken das Vertrauen des Verbrauchers in diese traditionsreiche Region.

In der fast subtropischen Region Northland, rund 150 km nordwestlich von Auckland, sind nur wenige Weinbaubetriebe beheimatet, doch bringen sie in günstigen Jahren robuste, reife, geschmacksintensive Rotweine auf Cabernet-Sauvignon-, Merlot- und Syrah-Basis zustande.

Waikato/Bay of Plenty

Waikato teilt im Weinbau die Vorzüge Aucklands (Wärme und Sonnenscheindauer) ebenso wie die Nachteile (schwere Böden, reichliche Niederschläge, hohe Luftfeuchtigkeit). Die hier beheimateten kleinen Weinbaubetriebe setzen sich aus Boutiques der gehobenen Preisklasse und bescheideneren Erzeugern zusammen. Die Gründung der staatlichen Forschungsstation in Te Kauwhata im Jahr 1897 verhalf dem Weinbau zu einem kräftigen Start. Anfang der 1970er Jahre errichtete Cooks (heute mit Corbans und McWilliams vereinigt) einen ultramodernen Betrieb. Cabernet Sauvignon, Chardonnay und Sauvignon Blanc sind hier die Hauptrebsorten.

In der Region Bay of Plenty östlich von Waikato gibt es keine große Rebfläche, aber es sind dort zwei Spitzenbetriebe (Morton Estate und Mills Reef) beheimatet, die allerdings Traubengut aus der Region Hawke's Bay verarbeiten.

Gisborne

Gisborne ist der Name der Hafenstadt im Tiefland an der Poverty Bay. Freilich wäre es ein krasser Mißgriff, die ganze Weinbauregion als «Armutsbucht» zu bezeichnen, denn sie ist mit ihrem Reichtum an Sonnenschein, ihren fruchtbaren, tiefgründigen Böden und reichlichen Herbstregenfällen ein hochproduktives Gebiet, aus dem fast ein Drittel des neuseeländischen Weins kommt.

Der Weinbau nutzt vorwiegend die fetten Schwemmlandböden um die Stadt Gisborne; kleine Nischen befinden sich an der Tolaga Bay und bei Tikitiki sowie bei Wairoa. Am gebirgigen East Cape gibt es nur wenig weinbautaugliches Land.

Friedrich Wohnsiedler, ein deutscher Kaufmann, der sich dem Winzerberuf verschrieb, leistete in den 1920er Jahren Pionierarbeit in Gisborne. In den 1960er Jahren gab es dann einen Boom, als die großen Weinbaufirmen in Auckland mit Anbauverträgen lockten. 1986 war Gisborne schließlich mit 36 % der Gesamtrebfläche das größte Weinbaugebiet Neuseelands, ist inzwischen aber, seit in den kargeren, trockeneren südlichen Regionen große Neuanpflanzungen angelegt wurden, hinter Marlborough und Hawke's Bay auf den dritten Platz zurückgefallen.

△
Rosen warnen frühzeitig vor Rebenkrankheiten – hier im idyllischen Millton Vineyard in Gisborne.

In Gisborne erblickt man endlose Rebzeilen der Sorten Müller-Thurgau, Chardonnay und Muscat Dr. Hogg; hier wachsen gewaltige Mengen an Trauben für die Keltern in den Mammutkellereien von Montana und Corbans im Industriegebiet von Gisborne oder für die vielen Verarbeitungsbetriebe von Auckland. Ein großer Teil der Ernte von Gisborne geht in billige Tüten- und Schaumweine ein.

Allerdings kommen dank sorgfältiger Lagenwahl und Weinbergpflege inzwischen auch hervorragende Qualitätsweißweine zustande. Die duftigen, lebendig fruchtigen, schon jung genußreifen Chardonnays aus Gisborne feiern bei Weinprämierungen große Erfolge und stellen das schönste Geschenk der Gegend an die Welt des Weins dar. Auch die pikant pfefferigen Gewürztraminer sind oft denkwürdig. Dagegen bewährt sich der spätreifende Cabernet Sauvignon hier nicht besonders gut – es fehlt ihm meist an Farbe und Geschmackstiefe –, während einige vollmundige Merlots alle Behauptungen, Gisborne sei ein reines Weißweinland, Lügen strafen.

Hawke's Bay

Hawke's Bay mit über 20 Betrieben (mehrere mit Restaurants) ist der Aristokrat unter den Weinbaugebieten Neuseelands. Vollmundiger, langsam sich entfaltender Chardonnay, reif kräuterwürziger Sauvignon Blanc und hochwertige Rotweine auf Cabernet-Sauvignon- und Merlot-Basis zeugen für die Qualitätstradition des hiesigen Weinbaus, die bis in das 19. Jahrhundert zurückreicht.

Er blüht hier, seit Maristenmissionare 1851 bei Napier die ersten Reben pflanzten. In den 1890er Jahren experimentierten reiche Großgrundbesitzer, vor allem Bernard Chambers auf der Te Mata Station und Henry Tiffen bei Greenmeadows in Taradale, mit der Erzeugung von Wein aus klassischen europäischen Traubensorten. Anthony Vidal, ein Spanier, der 1905 einen Rennstall in Hastings in eine Kellerei verwandelte, war der erste, der sich ganz der Weinerzeugung verschrieb.

Heute kann der Besucher die Weinbaugeschichte der Hawke's Bay in mehreren Betrieben studieren, u.a. bei Vidal Estate, noch immer an derselben Stelle in der St Aubyns Street East in Hastings, bei Te Mata, einer der ältesten Weinkellereien des

Landes, errichtet in Etappen seit den 1870er Jahren, und bei der McDonald Winery von Montana mit ihrem Weinmuseum. Das Nachbargut Mission Vineyard, gegründet 1851 von der katholischen Gesellschaft Mariä und noch immer unter deren Leitung, ist der bei weitem älteste Weinbaubetrieb Neuseelands.

Typisch für das Klima der Hawke's Bay sind warme, sonnige Sommer, mäßige Niederschläge und starke maritime Einflüsse. Hinsichtlich Sonnenscheindauer und Temperatur ist das Klima der Stadt Napier ähnlich wie das von Bordeaux. Im Sommer kann unter Hochdruckeinfluß Dürre auftreten, während Tiefdruckgebiete wolkenbruchartige Herbstregenfälle bringen können. Im Schnitt aber sind die Herbste an der Hawke's Bay trockener als in Gisborne.

Die Neuanpflanzungen nahmen hier von 1992 bis 1995 um über 40% zu; am meisten wurden Chardonnay und Cabernet Sauvignon angesetzt, gefolgt von Müller-Thurgau, Sauvignon Blanc und Merlot. Der Großteil dieser Anlagen befindet sich auf den weiten Heretaunga Plains. Diese Gegend bietet fruchtbare Schwemmlandböden über kieshaltigem Untergrund, Ablagerungen der aus den schroffen Ruahine- und Kaweka-Bergen kommenden Flüsse und Bäche. Auf diesen Ebenen müssen die Weinberglagen freilich mit Bedacht gewählt werden. So fördert fruchtbarer Lehmsilt bei hohem Grundwasserstand, insbesondere zwischen Hastings und der Küste, zwar kräftiges Wachstum, aber auch große Erträge an unausgereifter, unausgewogener Frucht. In neuerer Zeit erproben viele qualitätsbewußte Weinerzeuger Lagen mit weniger triebkräftigen Böden im Trockengebiet von Ngatarawa und die warmen, durchlässigen Kiesböden um Gimblett Road landeinwärts von Hastings.

Hawke's Bay ist die bedeutendste Rotweinregion Neuseelands; hier wachsen Bordeaux-ähnliche Weine mit vollem, konzentriertem, an Cassis und Gewürze erinnernden Duft und Geschmack. Ihnen am nächsten kommen vielleicht noch die Spitzengewächse von Waiheke Island, doch an der Hawke's Bay entstehen aus Cabernet Sauvignon und Merlot Rotweine in größeren Mengen und zu günstigeren Preisen.

Unter den Weißweinen befinden sich gewichtige Chardonnays mit intensivem, an Grapefruit erinnerndem Geschmack, guter Säure und Entfaltungsfähigkeit. Der

△
Um die Hawke's Bay wachsen mit die feinsten Rotweine Neuseelands. Hier wurden gegen Ende des 19. Jahrhunderts die ersten Reben gepflanzt.

Sauvignon Blanc fällt nicht so pikant aus wie in Marlborough, sondern bietet reifen, runden Tropenfruchtcharakter, und die faßvergorenen Beispiele gehören zu den stilvollsten im Land. Auch hervorragende Rieslinge sowie süße Weißweine, flaschenvergorene Schaumweine und Pinot-Noir-Rotweine entstehen an der Hawke's Bay.

Wairarapa

Verführerisch duftiger, geschmeidiger Pinot Noir kommt aus Wairarapa, der südlichsten Weinbauregion auf der Nordinsel. In neuerer Zeit ist um Masterton eine Rebfläche von beachtlicher Größe entstanden, doch bisher wachsen die feinsten Weine der Region fast sämtlich bei dem einst verschlafenen Dörfchen Martinborough.

William Beetham pflanzte 1883 in Wairarapa die ersten Reben und brachte einen «Hermitage» (Syrah) hervor, dem der Weinbauexperte Romeo Bragato 1895 das Lob spendete, er sei «von bester Qualität». Knapp ein Jahrhundert später erstarkte das Interesse an Wairarapa, als Ähnlichkeiten zwischen dem Klima von Martinborough und dem in französischen Spitzenweinbaugebieten, vor allem in Burgund, feststellt wurden. Heute werden die Burgundertrauben Pinot Noir und Chardonnay in der Region am meisten angebaut, allerdings halten die Bordeaux-Rebsorten Cabernet Sauvignon, Sauvignon Blanc und Merlot eine fast gleich große Fläche besetzt.

Martinborough ist der Ort, der in Wairarapa die Maßstäbe setzt. Das Klima mit warmen Sommern und kühlen, trockenen Herbsten entspricht eher dem von Marlborough als dem von der Hawke's Bay. Auch weisen die Weißweine aus Martinborough kräftige Säure und frisches Aroma auf, wie sie für Marlborough typisch sind.

Den größten Erfolg haben jedoch die Rotweine aus Martinborough. Der Pinot Noir, der durchlässige Böden liebt, gedeiht hier auf Stellen mit flachgründigem Lehm über Kiesschichten unmittelbar um den Ort und erbringt gleichmäßige, intensive sortenreine Weine mit großer Tiefe und Fülle in Duft und Geschmack. Bei alledem erweist sich die Region mit klassischem Chardonnay, Riesling, Gewürztraminer, Pinot Gris, Sauvignon Blanc und (seltener) Cabernet Sauvignon als sehr vielseitig.

Marlborough

In 24 Jahren erfreulicher Entwicklung hat sich Marlborough, seit Montana hier die ersten Reben pflanzte, zur bedeutendsten Weinbauregion Neuseelands aufgeschwungen. Fast 40 % der Gesamtrebfläche befinden sich hier, und von allen Weinstilen des Landes findet der Sauvignon Blanc aus Marlborough in aller Welt den größten Anklang. Es ist in Marlborough zwar kühler als an der Hawke's Bay, aber am wärmsten auf der Südinsel; die Hauptstadt Blenheim kann oft die längste Sonnenscheindauer im ganzen Land verzeichnen. Sonnige Tage im Wechsel mit kühlen, klaren Nächten und eine ziemlich trockene Herbstzeit ermöglichen den Trauben in Marlborough langsame, das Aroma intensivierende Reife. Um der Austrocknung durch heiße Nordwestwinde entgegenzuwirken, setzen die meisten Erzeuger Tropfbewässerung ein. Die Böden zeigen selbst innerhalb einzelner Lagen große Unterschiede; magere Schotterböden werden bevorzugt.

Der Schlüssel zu Marlboroughs Erfolg ist Sauvignon Blanc mit seinem kräuterwürzigen Bukett und seinen kraftvollen Geschmacksnoten von Stachelbeeren und Paprika. Der in aller Welt anzutreffende Montana Marlborough Sauvignon Blanc und der prestigeträchtige Cloudy Bay sind zwei schöne Beispiele. Auch die größeren Kellereien in Auckland holen sich ihre Sauvignon-Blanc-Frucht im wesentlichen aus Marlborough. Allerdings hat Marlborough mehr als nur einen Pfeil im Köcher: Die Region bringt auch viele der hochklassigsten Rieslinge, Chardonnays, edelsüßen Weine und flaschenvergorenen Schaumweine Neuseelands hervor.

Bei allem hohen Ansehen ist Marlborough (zumindest das Wairau Valley, wo sich der größte Teil der Rebfläche befindet) als Weinbauregion recht klein. Umrahmt wird sie von schroff bis auf fast 3000 m aufsteigenden Gebirgen. Das Wairau Valley erstreckt sich 26 km landeinwärts, ist aber an seinem östlichen Ende nur 14 km breit; dort öffnet es sich zur Cloudy Bay, deren Name von dem Schlick kommt, mit dem der Wairau River nach starken Regenfällen ihr Wasser trübt.

Auch ist die Entfernung von den Wither Hills im Süden bis zu den mächtigen Richmond Ranges an der Nordflanke des Wairau Valley nicht groß: nur rund 10 km.

△
Mit dem Lineal scheinen die Rebzeilen auf dem steinigen Boden von Montanas Brancott Estate in Marlborough gezogen zu sein.

Von hier aus hat der Weinbau die Berge im Südosten übersprungen und das Awatere Valley erreicht, doch dort hemmt Wassermangel die weitere Ausbreitung.

Die Zahl der Weinerzeuger in Marlborough wächst mit Hilfe der aus Übersee hereinströmenden Investitionen rasch an. Australische Weinbaubetriebe erkannten das Potential der Gegend schon um 1985. Damals errichtete David Johnen von Cape Mentelle das Weingut Cloudy Bay. Auch Erzeuger aus Europa haben sich eingefunden; so wurde vor einiger Zeit die Fromm Winery von Georg und Ruth Fromm aus der Schweiz für die Rotweinproduktion, vor allem Pinot Noir, gegründet.

Auffallend sind auch die zunehmenden Verbindungen zwischen Marlborough und den großen Champagnerhäusern. In technischer Zusammenarbeit mit Deutz & Geldermann produziert Montana die Deutz Marlborough Cuvée; an Cloudy Bay ist Veuve Clicquot beteiligt. Das Haus Moët & Chandon ist nicht nur Eigentümer der Domaine Chandon in Victoria (Australien), sondern hat auch die Leitung bei der Produktion des exzellenten Domaine Chandon Marlborough Brut.

Marlborough ist nicht allein Sauvignon-Blanc-Land, obschon die Region zwei Drittel aller neuseeländischen Bestände dieser Sorte beherbergt und Sauvignon Blanc und Chardonnay zusammen 54% ihrer Rebfläche ausmachen. Daneben werden hier Müller-Thurgau, Riesling, Cabernet Sauvignon und Pinot Noir (v. a. als Basis für Schaumwein), Sémillon (meist für Verschnitte mit Sauvignon Blanc) und Merlot angebaut. Ungeachtet der allgemein enttäuschenden Leistungen des Cabernet Sauvignon, der in Marlborough nicht zu voller Reife gelangt, werden große Hoffnungen in die früher reifenden Sorten Pinot Noir und Merlot gesetzt.

Nelson

Jenseits der Gebirge westlich von Marlborough liegt Nelson, eine im Wachsen begriffene Weinbauregion. Aus ihr kommt einer der vornehmsten Weine Neuseelands: Neudorf Moutere Chardonnay. Das Hügelland genießt dieselben Vorzüge wie Marlborough, nämlich warme Sommer und lange Sonnenscheindauer, nur im März kurz vor der Lese ist das Regenrisiko größer. Die Reben wachsen auf dem Silt der windigen Waimea Plains und auf dem schwereren Lehm der blaugrünen Upper Moutere Hills.

Im 19. Jahrhundert entstand hier in Nelson nur sehr wenig Wein. Die eigentlichen Pioniere der Gegend sind das Ehepaar Hermann und Agnes Seifried aus Österreich; sie pflanzten 1974 ihre ersten Reben in Upper Moutere, und heute gehört ihnen der einzige größere Weinbaubetrieb der Region.

Nelson ist bekannt für duftige, frische, kräftige Weißweine mit großer Geschmackstiefe. Die drei verbreitetsten Rebsorten sind Sauvignon Blanc, Riesling und Chardonnay, aber auch Cabernet Sauvignon und vor allem Pinot Noir bewähren sich gut.

△ *Chard Farm, Central Otago; hier entsteht der einzige Eiswein Neuseelands.*

Canterbury

Diese Weinbauregion, eine der südlichsten der Welt, blüht und gedeiht, seit St. Helena, der erste gewerblich genutzte Weinberg, 1978 bei Belfast nördlich von Christchurch angelegt wurde. Heute ist Canterbury vor Wairarapa und Auckland die viertgrößte Weinbauregion Neuseelands.

Um die Mitte des 19. Jahrhunderts kelterten französische Bauern bei Akaroa die ersten Canterbury-Weine für den eigenen Bedarf. Gut 100 Jahre später löste Dr. David Jackson von der Lincoln University neues Interesse am Weinbau in Canterbury aus, als er 1973 Anbauversuche unternahm, um die für das kühle, trockene Klima der Region am besten geeigneten Rebsorten herauszufinden.

Riesling, Chardonnay und Pinot Noir gedeihen hier gut und bilden die Grundlage für über 20 Weinbaubetriebe. Sie befinden sich vor allem im Hügelland im Norden von Canterbury um Waipara, wo die stilvollen Weine von Pegasus Bay den Ton angeben, sowie auf der pfannkuchenflachen Ebene um Christchurch.

Der scharfe, heiße Nordwestwind dörrt die Reben in beiden Bereichen, doch die Weinberge von Waipara sind durch die Teviotdale Hills vor den kühlen Ostwinden geschützt. Die Spitzenweine aus Waipara sind daher robuster und voller im Geschmack als die eher kargen, rassigen Weine aus dem Süden.

Central Otago

An dramatischer Schönheit der Landschaft ist Central Otago, eine kleine Weinbauregion mit großer Reputation, nicht zu schlagen. Die Reben stehen hier in großer Höhe und ausgesprochen kühlem Klima, deshalb sind sonnige, wenig frostgefährdete Nordhanglagen gefragt. Die Verhältnisse werden oft mit denen in guten Weinberglagen Deutschlands verglichen. Das nach neuseeländischen Maßstäben ausnehmend trockene Herbstwetter ermöglicht es, die Trauben lange am Stock zu belassen und dadurch die Reifezeit zu verlängern.

Die wenigen Weinbaubetriebe liegen bei Queenstown, bei Alexandra und am schönen Lake Wanaka. Die neuerdings in Bannockburn bei Cromwell entstandene Rebfläche erbringt ebenfalls eindrucksvoll starkduftige Weine.

Am feinsten fällt in den Tälern von Central Otago voller sortenreiner Pinot Noir aus, aber auch die duftigen, frisch säuerlichen Rieslinge versprechen viel Gutes. Der hohe Säuregehalt der hiesigen Weine läßt auch auf eine gute Zukunft der Schaumweinproduktion hoffen. Beobachtenswert ist die Region auf jeden Fall.

△
Im kühlen Klima dieses geschützten Tals bei Queenstown fühlen die Reben sich wohl.

Empfehlenswerte Erzeuger

Auckland/Northland

Babich Wines – Der 1916 gegründete mittelgroße Familienbetrieb mit gutem Ruf für bescheidene Preise bringt Hawke's-Bay-Weine der stilvolleren Art hervor. Glanzpunkte des Programms: stahliger Irongate Chardonnay, robuster, faßvergorener Mara Estate Sauvignon und konzentrierter Irongate Cabernet/Merlot.

Collard Brothers – Von Frucht aus der eigenen Lage Rothesay Vineyard in West Auckland sowie von der Hawke's Bay und aus Marlborough produziert der mittelgroße Erzeuger hervorragende Weißweine. Besonders zu empfehlen sind der preiswerte Hawke's Bay Chenin Blanc, der schmackhafte Riesling aus Marlborough und der stramme, intensiv zitrusfruchtige Rothesay Vineyard Chardonnay.

Coopers Creek – Kellermeister Kim Crawford, Star vieler Prämierungen, produziert starkduftige, schon jung genußreife Weine: intensiv würzigen, fruchtigen Riesling, vollmundigen, saftigen Swamp Reserve Chardonnay von der Hawke's Bay sowie frischen, lebhaft fruchtigen Cabernet und Merlot.

Corbans Wines – Die zweitgrößte Weinkellerei Neuseelands, auf die 30 % aller Weine des Landes entfallen, ist eine Mehrheitsbeteiligung der holländischen Brauerei Heineken NV. Das umfangreiche Weinprogramm läuft unter den Marken Corbans, Cooks, Huntaway, Stoneleigh Vineyard, Robard & Butler und Longridge (Hawke's Bay). Die üppigen, butterigen Gisborne Chardonnays Corbans Cottage Block und Private Bin setzen für den ganzen Weinbau Maßstäbe; die kräftigen, pikanten Rieslinge aus dem Stoneleigh Vineyard in Marlborough sind höchst empfehlenswert.

Delegat's Wine Estate – Das Geschwisterpaar Jim und Rose Delegat und ihr Kellermeister Brent Marris produzieren superbe Hawke's-Bay-Weine unter dem Etikett Delegat's Proprietors Reserve, v. a. einen überaus vollen, toastwürzigen Chardonnay. Zu ihren Marlborough-Weinen der Marke Oyster Bay zählen ein stilvoller, tropenfruchtiger Sauvignon Blanc sowie ein leicht eichenwürziger, zitrusfruchtiger Chardonnay.

Goldwater Estate – Der wuchtige, robuste, mit Gewürz, Eichenholzaroma und der Frucht schwarzer Johannisbeeren vollgepackte Cabernet-Sauvignon/Merlot-Verschnitt von Kim und Jeanette Goldwater zählt zu den größten Rotweinen Neuseelands.

Kumeu River Wines – Der opulente, verlockend milde Kumeu Chardonnay und der erstklassige Einzellagen-Chardonnay Mate's Vineyard, beide mit fast burgundischer Kraft und Fülle, sind die Spitzenweine aus diesem seit Jahren von der Familie Brajkovich geführten Betrieb.

Matua Valley Wines – Dynamischer Betrieb mit erstaunlichem, geschmeidigem Chardonnay und konzentriertem, brombeerwürzigem Merlot/Cabernet Sauvignon der Spitzenserie Ararimu. Sehr empfehlenswert auch die spritzigen, geschmacksintensiven Marlborough-Weißweine der Marke Single Peak.

Montana Wines – Der Gigant des neuseeländischen Weinbaus mit etwa 40 % Anteil an der Weinproduktion des Landes befindet sich im Besitz von Corporate Investments. Der schmackhafte Marlborough Sauvignon und der stilvolle, zart hefige Lindauer Brut gehören zu den empfehlenswertesten Weinen Neuseelands und sind im Export stark vertreten. Der Church Road Chardonnay und der Church Road Cabernet/Merlot von der Hawke's Bay zeichnen sich durch Fülle, Reife und Geschmackstiefe aus.

Nobilo Vintners – Das viertgrößte Weinbauunternehmen Neuseelands produziert den international populären lieblichen Müller-Thurgau White Cloud. Weitere Pfeiler des Programms sind die toastwürzigen butterigen Chardonnays aus Gisborne und der pikante, preiswerte Marlborough Sauvignon Blanc.

Selaks Wines Cnr. – Das alteingesessene Haus mit Weinbergbesitz und einer funkelnagelneuen Kellerei in Marlborough produziert mehrere denkwürdige Variationen über das Thema Sauvignon Blanc, von denen der faßvergorene Sauvignon Blanc/Sémillon den größten Beifall verdient.

Stonyridge Vineyard – Stephen White produziert jährlich nur ein paar hundert Kisten, doch sein Larose Cabernet ist unbestreitbar der größte Rotwein Neuseelands. Trotz atemberaubend intensiver, reifer Frucht bleiben Delikatesse und Finesse aus kühlem Klima schön erhalten.

Villa Maria Estate – Das drittgrößte Weinbauunternehmen Neuseelands, Mehrheitsbesitz von George Fistonich, umfaßt auch Esk Valley und Vidal Estate an der Hawke's Bay. Villa Maria bietet in den Programmen Reserve (Flaggschiff), Cellar Selection und Private Bin beständig ausgezeichnete Leistungen. Bei Prämierungen sind der intensiv zitrusfruchtige, würzige, *barrique*-vergorene Reserve Chardonnay, der glorreich duftige, honigsüße Reserve Noble Riesling sowie die kraftvollen, dunklen, geschmacksintensiven Reserve Cabernets stets Paradepferde.

Waiheke Vineyards – Zwei Jahrgänge (1993 und 1994) genügten, um dem strammen, herrlich konzentrierten, facettenreichen Te Motu Cabernet/Merlot-Verschnitt dieses jungen Betriebs den Ruf eines der angesehensten (und höchstpreisigen) Rotweine Neuseelands einzutragen.

Waikato/Bay of Plenty

Mills Reef Winery – Der prachtvolle Betrieb der Familie Preston am Rand von Tauranga produziert feine Hawke's-Bay-Weißweine unter dem Mittelklasseetikett Reserve, daneben vornehme Schaumweine in Flaschengärung sowie den höchst bemerkenswerten, superb ausgefeilten, pfirsichduftigen Spitzenklasse-Chardonnay Elspeth.

Morton Estate – Dieser Name ist gleichbedeutend mit Chardonnay. Frucht von der Hawke's Bay erbringt den hochfeinen, kräftig strukturierten Black Label Chardonnay sowie den aufgeschlosseneren, zitrusfruchtigen, biskuitwürzigen, faßvergorenen White Label Chardonnay, der in Spitzenjahren superb ausfällt.

Rongopai Wines – In der früheren staatlichen Weinbauversuchsstation produziert Tom van Dam Weine von Lagen am Ort und von der Hawke's Bay. Seine edelsüßen Weißweine, v. a. der hinreißend duftende Reserve Botrytised Riesling und der opulente Reserve Botrytised Chardonnay, finden großen Anklang.

Gisborne

The Millton Vineyard – James und Annie Millton, die bekanntesten organischen Weinerzeuger Neuseelands, produzieren Weißweine in schönster Qualität. Der üppige, ananasfruchtige, leicht honigwürzige Chenin Blanc Dry und der exquisit duftige Opou Vineyard Riesling werden ergänzt durch erstklassige süße Weißweine und zitrusfruchtige Chardonnays.

Hawke's Bay

Brookfields Vineyards – Peter Robertson zeichnet sich durch Bescheidenheit aus, doch sein kräftiger, saftiger Reserve Chardonnay und sein gehaltvoller Gold Label Cabernet/Merlot gehören zu den denkwürdigsten Weinen von der Hawke's Bay.

C. J. Pask Winery – Chris Pask besitzt umfangreiche Weinberge im trockenen, steinigen Gimblett-Road-Gebiet und produziert zusammen mit seiner Kellermeisterin Kate Radburnd solide Weiß- und Rotweine; das Kronjuwel bildet der elegante, konzentrierte Reserve Chardonnay.

Clearview Estate Winery – Aus einer Lage mit durchlässigem Geröllboden an der Küste bei Te Awanga produzieren Tim Turvey und Helma van den Berg einen muskulösen Reserve Chardonnay mit unergründlicher Geschmackstiefe sowie drei wuchtige, überaus fruchtige Rotweine auf Cabernet-Sauvignon-, Merlot- und Cabernet-Franc-Basis.

Esk Valley Estate – Das Gut, ein wichtiger Teil des Villa-Maria-Imperiums, produziert füllige, seidige Rotweine auf Merlot-Basis, einen köstlichen, erdbeerfruchtigen trockenen Merlot Rosé sowie einen umwerfend guten Rotwein «The Terraces» mit Merlot und Malbec als Hauptingredienzien.

Mission Vineyards – Die Weine des historischen Guts bieten größtenteils soliden, preiswerten Genuß. Der liebliche Rhine Riesling ist duftig und voll im Geschmack; das Spitzenprogramm Jewelstone enthält einen kraftvollen, herrlich gewichtigen, intensiven und komplexen Chardonnay.

Ngatarawa Wines – Alwyn Corban, ein Sproß der im Weinbau berühmten Familie, produziert charaktervolle Weine, an deren Spitze der stilvolle, zitrusfruchtige Glazebrook Chardonnay und der glorreich duftige Glazebrook Noble Harvest auf Riesling-Basis stehen.

Stonecroft Wines – Von durchlässigen Kiesböden westlich von Hastings gewinnt Dr. Alan Limmer gewichtige Weißweine mit reifem Geschmack sowie stämmige, konzentrierte Rotweine, v. a. den eindrucksvollsten Syrah Neuseelands – dunkel, voll, pflaumenwürzig und pfefferig, manchmal an einen guten Crozes-Hermitage erinnernd.

△

James Millton von Millton Vineyard in Gisborne betreibt organischen Weinbau.

Te Mata Estate Winery – Das vor über einem Jahrhundert von Bernard Chambers gegründete Gut wird heute von dem dynamischen John Buck geleitet. Besonders bekannt sind der wuchtige, straffe Eston Chardonnay und der verlockend duftige, volle und geschmeidige Awatea Cabernet/Merlot, ganz zu schweigen von dem höchst eleganten Coleraine Cabernet/Merlot, einem der prestigeträchtigsten Rotweine Neuseelands.

Vidal Estate – Das am Anfang dieses Jahrhunderts gegründete, in den 1970er Jahren von Villa Maria erworbene Gut bringt zwei der interessantesten Rotweine Neuseelands hervor – den kraftvollen, würzigen, zedernholzduftigen Reserve Cabernet Sauvignon und den eher üppigen, köstlich pflaumen- und minzewürzigen Reserve Cabernet Sauvignon/Merlot. Ebenso hervorragend sind der zitrusfruchtige, toastwürzige Reserve Chardonnay und der tropenfruchtige Reserve Fumé Blanc mit sanftem Eichenton.

Wairarapa

Ata Rangi Vineyard – Der kleine Betrieb mit großer Reputation produziert hervorragende Chardonnays und einen vollmundigen, kirschfruchtigen, hinreißend duftigen und samtigen Pinot Noir.

Dry River Wines – Es gibt unter den kleinen Weinbaubetrieben Neuseelands keinen zweiten, der den hervorragenden Leistungen von Dry River mit so vielen Rebsorten und Stilen gleichkäme. Das Programm umfaßt Pinot Gris, Gewurztraminer, Riesling, Chardonnay, mehrere edelsüße Weißweine und einen Pinot Noir. Alle sind untadelig bereitet, intensiv, langlebig und genießen verdientermaßen einen himmelhohen Ruf.

Lintz Estate – Chris Lintz produziert ein eindrucksvolles Programm, u. a. den blumigen, pikanten Riesling Extra Brut in Flaschengärung, den bernsteinfarbenen edelsüßen Noble Selection Optima sowie mehrere stämmige, tanninreiche, vollwürzige Rotweine auf Cabernet-Basis.

Martinborough Vineyard – Kellermeister Larry McKenna machte Martinborough mit seinem aufsehenerregenden 1986er Pinot Noir zum Begriff; dieser erfreulich volle, facettenreiche Wein gehört noch immer zu den besten Rotweinen des Landes. Die Weißweine, u. a. Chardonnay, Sauvignon Blanc und Riesling, sind ebenso vornehm.

Nga Waka Vineyard – Der auf Weißwein spezialisierte kleine Betrieb produziert einen herrlich duftstarken und lebendig fruchtigen Sauvignon Blanc sowie stahligen, knochentrockenen, stets hochklassigen Riesling und Chardonnay.

Palliser Estate Wines – Unter dem zur gehobenen Preisklasse gehörenden Etikett Palliser Estate (das leicht mit dem Mittelklasse-Etikett Palliser Bay zu verwechseln ist) produziert der relativ große Betrieb in Martinborough stilvollen, pikant würzigen Riesling und Sauvignon Blanc sowie köstlich vollmundigen Chardonnay.

Te Kairanga Wines – Der Betrieb, einer der größten in Martinborough, produziert beständig erfreulichen Chardonnay und Pinot Noir. Schon die einfachen Versionen sind gut, doch der saftige, volle, straffe Reserve Chardonnay und der kräftige, konzentrierte Reserve Pinot Noir verdienen besonderes Interesse.

Nelson

Neudorf Vineyards – Die vielen Medaillen aus bedeutenden Prämierungen in Neuseeland, Australien und England lassen keinen Zweifel an der magischen Qualität von Tim und Judy Finns herrlich saftigem und vollmundigem Moutere Chardonnay aufkommen. Ebenfalls beeindruckend sind der blumige, rassige Riesling, der aromatische, pikante Sauvignon Blanc und der komplexe, tanninherbe Pinot Noir.

Seifried Estate – Hermann Seifried schuf sich zunächst mit preiswerten, stilvollen Rieslingen einen guten Ruf, doch neuerdings treten auch sein gewichtiger, lebendig fruchtiger und üppiger Sauvignon Blanc sowie sein limonenfruchtiger, nußwürziger, kräftiger Chardonnay ebenfalls in den Vordergrund. Alle bieten viel für ihren Preis.

Marlborough

Allan Scott Wines and Estates – Allan Scotts Riesling und Sauvignon Blanc sind vollblütige Marlboroughs – frisch, belebend spritzig und voll Aroma.

Cellier Le Brun – Daniel Le Brun, der 1980 das Unternehmen gründete, ist zwar nicht mehr beteiligt, aber der toastwürzige, vollmundige, verlockend reichhaltige und hefige Le Brun Vintage Méthode Traditionnelle Brut und der erregend duftige, tiefgründige Chardonnay Blanc de Blancs gehören nach wie vor zur Spitzengruppe der neuseeländischen Schaumweine.

Cloudy Bay Vineyards – Im Glas wird der Superstar unter den Sauvignons Blancs seinem Ruf durch atemberaubend frische, lebhafte, reif kräuterwürzige, unwiderstehliche Geschmacksfülle gerecht. Auch der langlebige, konzentrierte Chardonnay ist ein hochklassiger Wein, ebenso der Pelorus, ein ausnehmend tiefgründiger, in der Flasche vergorener Schaumwein.
Grove Mill Wine Company – Aus diesem Betrieb kommen aromatische Weißweine mit kräftigem Geschmack, v. a. hinreißend duftiger, zarter Riesling und spritziger, stachelbeerfruchtiger, paprikawürziger Sauvignon Blanc.
Hunter's Wines – Der aufregend volle, lebendige Sauvignon Blanc und sein Stallgefährte Sauvignon Blanc Oak Aged sind Klassiker der Region. Auch der Chardonnay mit seiner großen Delikatesse und Finesse ist höchst lobenswert.
Jackson Estate – Vor allem der markant volle, reife, tropenfruchtige Sauvignon Blanc begründet den Ruhm dieses Guts, aber auch der robuste, saftige Reserve Chardonnay, der hefige, zarte Schaumwein in Flaschengärung «Jackson Vintage» und die edelsüßen Weißweine sind superb.
Lawson's Dry Hills – Die feinsten Genüsse aus diesem aufstrebenden Betrieb sind der kräftige, reichhaltige Gewürztraminer, ein wuchtiger Chardonnay und ein stilvoller Sauvignon mit leichtem Eichenton.
Nautilus Estate – Nautilus ist eine Marke im Besitz der Weinvertriebsgesellschaft Negociants. Der Sauvignon Blanc mit seinem voluminösen Duft und seinem reintönigen, reif kräuterwürzigen, lebhaften Geschmack ist ein Klassiker aus Marlborough. Der duftige, hefige, geschmeidige und überaus süffige Schaumwein Cuvée Marlborough hat einen hohen Pinot-Noir-Anteil im Rezept.
Saint Clair Estate Wines – Der noch relativ neue Betrieb (erster Jahrgang 1994) produziert einen beständig vollmundigen, üppigen, pikant aromatischen Sauvignon Blanc und einen wunderschön duftigen, reifen Riesling.
Vavasour Wines – Der ohne Faßbehandlung produzierte Dashwood Sauvignon Blanc quillt über vor frischem, lebendigem, kräuterwürzigem Aroma in ausgeprägtem Kühlklimastil, doch der großartigste Wein des Hauses ist der intensive, feuersteinduftige, superb verhaltene Single Vineyard Chardonnay, der früher den Namen Reserve Chardonnay trug.
Wairau River Wines – Dieser Betrieb glänzt mit einem erstaunlich kraftvollen, geschmacksintensiven Sauvignon Blanc, einer köstlichen Komposition aus frischen, tropenfruchtigen und kräuterhaften Noten, untermalt von lebendiger Säure.

Canterbury

Giesen Wine Estate – Der größte Erzeugerbetrieb in der Region produziert ein breites Programm an Weinen, v. a. den hinreißend vollblumigen, fein honigsüßen und stahligen Botrytised Riesling sowie einen hochklassigen, konzentrierten Reserve Pinot Noir aus eigenen Weinbergen.
Pegasus Bay – Eine feine Auswahl an Weinen aus North Canterbury, u. a. schöner, zitrusfruchtiger Chardonnay, pikanter, zitronen- und limonenfruchtiger, teilweise faßvergorener Riesling, exotisch duftiger Sauvignon/Sémillon und kräftiger, dunkler, vollmundiger, rauchiger Pinot Noir.
St. Helena Wine Estate – Der älteste Weinbaubetrieb von Canterbury produziert einen preiswerten, saftigen, erdigen Pinot Blanc und in guten Jahren einen gewichtigen, zitronenfruchtigen, stahligen Reserve Chardonnay sowie einen duftigen, vollen, würzigen Reserve Pinot Noir.

Central Otago

Chard Farm Vineyard – In einem herrlich gelegenen Gut im gebirgigen Inneren von Otago produzieren die Brüder Rob und Greg Hay feine Rieslinge und Chardonnays sowie einen schon jung höchst ansprechenden Pinot Noir mit lebendigem, kirschfruchtigem, würzigem Geschmack.
Gibbston Valley Wines – Neben einem beliebten Restaurant bietet dieser Pionierbetrieb auch einen köstlich pfirsichfruchtigen und toastwürzigen Central Otago Chardonnay sowie einen vollen, pflaumenwürzigen, konzentrierten, samtigen Reserve Pinot Noir.
Rippon Vineyard – In atemberaubend schöner Lage am Lake Wanaka produzieren Rolfe und Lois Mills einen stahligen, apfelfrischen Chardonnay nach dem Vorbild der großen Weine von Chablis. Daneben steht ein verlockend duftiger, lebendiger, vollmundiger Pinot Noir, der sich neben den feinsten Artgenossen aus Martinborough sehen lassen kann.

△
Kellermeister Kevin Judd aus dem Weltklasseweingut Cloudy Bay, an dem auch das Champagnerhaus Veuve Clicquot beteiligt ist.

Südafrika

VIELE BESUCHER ZÄHLEN DIE SÜDAFRIKANISCHEN WEINBAUGEBIETE am Rand des Atlantiks und an den Hängen der schroffen Berge hinter Kapstadt zu den sehenswertesten der Welt. Werden nun auch die Weine der majestätischen Szenerie gerecht? Oder verleihen ihnen die Ursprünge des Weinbaus tief in der stürmischen Kolonialgeschichte und in den giebelgezierten Weingütern der Buren eine erhabene Aura? Oder beziehen sie Faszination aus ihrer außerordentlichen Vielfalt?

Die Apartheidpolitik legte der Entwicklung des Weinbaus in Südafrika bis in die 1990er Jahre Fesseln an, dann aber begann ein ungestümer Aufbruch. Heute entstehen hier alle nur denkbaren Weinstile, von «Port», «Sherry» und Brandy über Schaumweine nach dem Champagnerverfahren und edelsüße Dessertweine bis hin zu allen modernen Klassikern, unter anderem auch der dem Kap ganz eigene Rotwein der Neuzüchtung Pinotage. Erst in neuerer Zeit gibt es Anzeichen echter Qualität, die den Wein Südafrikas über den Status einer Kuriosität hinaushebt.

▽
Blick über die Weinberge von Fairview Estate in Paarl auf den Simonsberg – eine heiße Gegend mit wenig Niederschlag.

Manche Weinerzeuger produzieren sogar fast alle diese Weintypen in einem einzigen Weingut – eine Gießkannenmethode, die den klima- und lagenbezogenen Vorstellungen der an ihre Appellations Contrôlées gewöhnten Länder der Alten Welt fremd ist. Hierin verdeutlicht sich, daß Südafrika, was die Abstimmung zwischen Rebsorten und Terroirs anlangt, noch in den Kinderschuhen steckt.

Vielleicht haftet dem Kapwein bei den Weinliebhabern der Welt nach der langen Anti-Apartheid-Isolierung noch ein gewisser Neuheitswert an. Seit Nelson Mandela den Kapwein auch auf politisch empfindlichen Märkten wieder salonfähig gemacht hat, erlebte der Export einen Aufschwung – der Menge nach um über 1000% auf 10 Millionen Kisten, die in 50 Länder der Erde gingen. Mandela selbst trinkt zwar wenig Wein, erweist sich aber als machtvolles Marketingzugpferd für die Nation.

Doch die Flitterwochen konnten nicht ewig dauern, und so wurde bald ernstliche Kritik laut. «Harte, tanninstrenge, unreife Rotweine und flaue trockene Weißweine»

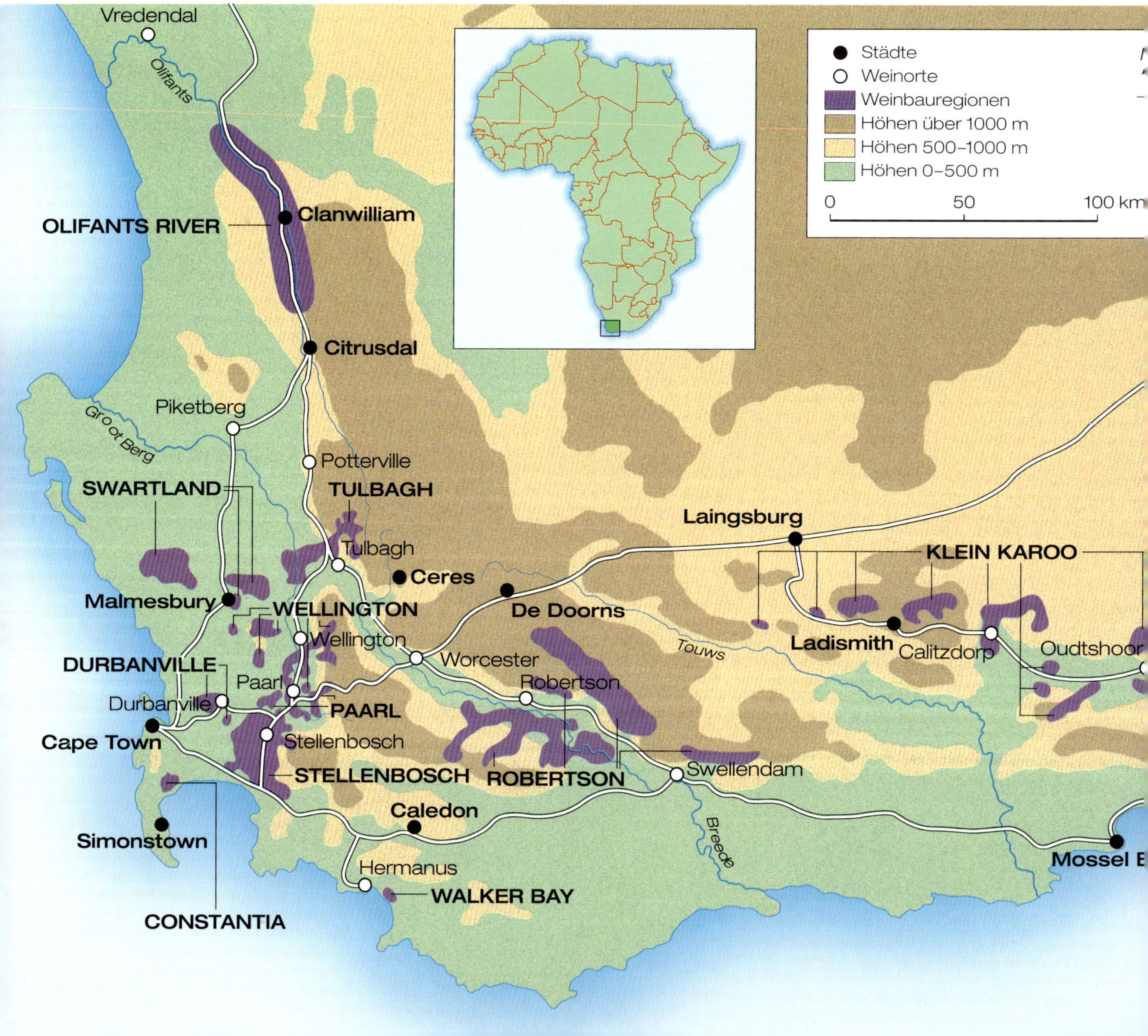

urteilten manche hochangesehene Weinkenner in aller Welt über den Kapwein im Vergleich mit der Konkurrenz aus der Neuen Welt. Im Weinbau am Kap traf dies einen empfindlichen Nerv. Die Weinerzeuger Südafrikas sind an eine Vogel-Strauß-Haltung gegenüber dem Ausland gewöhnt, und so war die Reaktion eines der bekanntesten Kellermeister des Landes, des ehemaligen Rugbyspielers Jan Coetzee bei Vriesenhof in Stellenbosch, durchaus nicht untypisch: «Es ist mir scheißegal, was die Leute über meinen Wein denken ... Mir schmeckt er, und ich finde ihn verdammt gut. Ich werde meinen Stil niemand zu Gefallen ändern.»

Andere reagierten anders und reisten ins Ausland, um Erfahrungen zu sammeln und fachkundigen Rat einzuholen. Ausländische Berater, früher nur selten anzutreffen, geben heute in Südafrika vielfach wertvolle Anleitung. Auch verändern sich die Weinstile, um der Nachfrage nach supermarktfreundlichen Erzeugnissen zu entsprechen – trotz der Bemühungen einer Minderheit von Weinerzeugern, die das bewahren wollen, was sie beim Kapwein für ein einzigartiges Erbe halten. Bei der Mehrheit der 4000 angebotenen Kapweine sorgt der Wunsch nach internationaler Anerkennung für Modernisierung, wobei fruchtige Qualität den Vorrang erhält.

Der mit 3,4% der Weltproduktion und einem Jahresertrag von etwa 1 Million t noch immer kleine Weinbau Südafrikas hat nicht vergessen, daß er dem Bankrott zutrieb, bevor die Aufhebung der Handelsschranken nach dem Ende der Apartheid mit den chronischen Jahresüberschüssen aufräumte. Der Inlandsverbrauch stagniert mit 9 l pro Kopf und Jahr hartnäckig – die Südafrikaner sind vor allem Biertrinker.

Südafrika ist zwar eine der ältesten Weinbauregionen der Neuen Welt – der erste Wein wurde hier 1659 vom Gouverneur der Kolonie, Jan van Riebeek, gekeltert –, doch moderne faßgereifte Cabernet Sauvignons nach klassischem französischem Vorbild entstehen erst seit der Mitte der 1980er Jahre. Faßvergorene Chardonnays sind sogar noch neuere Erscheinungen.

Die Kapwinzer schlagen sich noch immer mit zwei üblen Vermächtnissen herum, von denen das eine aus dem Weinbau, das andere aus der Politik stammt. Der bedrohliche, die Reife beeinträchtigende Blattrollvirus war bis noch vor kurzem in den Weinbergen verbreitet – so daß bessere Weine von virusfreien Neupflanzungen erst aus den letzten Jahren stammen. Darüber hinaus waren bis 1992 Neubestockungen durch von dem mit weitgehenden Vollmachten ausgestatteten Weinbaugenossenschaftsverband KWV erzwungene Produktionsquoten eingeschränkt, die nur den Massenweinbauregionen zugute kamen. 4500 Winzer beliefern 71 KWV-Mitgliedsgenossenschaften mit Traubengut, das vor allem den Bedarf der Brandy-Industrie deckt. Infolgedessen sind nur 17% der 103 000 ha Rebfläche mit den auf den heutigen Märkten bestverkäuflichen Rebsorten Cabernet Sauvignon, Merlot, Shiraz, Chardonnay, Sauvignon Blanc und Riesling besetzt.

Daraus erklärt sich, weshalb die meisten feinen Weine in internationaler Qualität aus neuen Weingütern kommen, oft von solchen, die das kühle Klima der Küstenregionen wie Constantia, Walker Bay, Elgin, Somerset West und Darling nutzen.

Der Kapwein ist aus dem Schlummer seiner Apartheidisolation erwacht. Der unter der Marke der Tradition auftretende alte Weinbau wird überall kritisch unter die Lupe genommen. Das Beste steht uns zweifellos noch bevor.

△
Das Gutshaus von Buitenverwachting im traditionellen Stil, umgeben von Weinbergen.

Stellenbosch

Stellenbosch ist das Napa Valley Südafrikas: ein Rahmen für die dichteste Konzentration großer alter und neuer Namen im Weinbau. Es ist auch der Sitz des staatlichen Oenological and Viticultural Research Institute (OVRI) und der Qualitätskontrollbehörde Wine and Spirit Board.

Wie in Napa verleihen neue Entwicklungen, vorangetrieben durch den Zustrom neuer Winzer und ausländischer Investitionen, der Weinszene am Kap eine aufgeregte, theatralische Note, treiben die Bodenpreise in die Höhe, fördern die technische Innovation und stellen Konventionen aller Art in Frage – beispielsweise auch die herkömmlichen Etiketten und geheiligte architektonische Traditionen.

Dagegen werden Tradition und Kontinuität von den beiden hier beheimateten größten Wein- und Spirituosengroßhandelsunternehmen, Stellenbosch Farmers Winery (SFW) und Distillers Corporation (im Besitz der Familie Rupert, der reichsten am Kap), besonders betont.

Diese Machtkonzentration gruppiert sich um die von Eichen gesäumte Universitätsstadt Stellenbosch am Eerste River mit vielen schönen Beispielen klassischer kapholländischer Architektur. Stellenbosch wurde 1679 gegründet; es ist die zweitälteste Stadt Südafrikas nach dem 40 Autominuten entfernten Kapstadt und liegt in einem Netz von Weinstraßen, die bis in die spektakulären schroffen Gebirge ringsumher hineinreichen. Im Sommer und Herbst nehmen diese Berge beim Sonnenuntergang oft minutenschnell andere Färbung an, von dunstigem Grau und Blau bis hin zu streifigem Lila und Rosa, und machen das Weinland zur Phantasiewelt.

Die heute von Besucherscharen überschwemmten Weinbaubetriebe strahlen Zuverlässigkeit aus. Manche sind gut mit Bewirtungs- und Verkostungsmöglichkeiten ausgestattet; die Hauptbesuchszeiten sind die warmen Frühlings- und Sommermonate, etwa von November bis April. Die größeren Betriebe wie Blaauwklippen, Delheim und Simonsig bieten eine breite Palette an Weinen, darunter viele leichte bis schwere Rotweine, sortenrein (vor allem Cabernet Sauvignon, Shiraz, Pinot Noir, Merlot, Pinotage) und im Verschnitt, sowie Weißweine in trockenen und süßen Ver-

sionen. Auch Schaumweine und alkoholangereicherte Weine kommen vor. Seit Beginn der 1990er Jahre haben sich die Restaurants in dieser Region stark vermehrt, und es sind zahlreiche Übernachtungsmöglichkeiten mit Frühstück aus dem Boden geschossen, um der großen Nachfrage in den Saison entgegenzukommen.

Stellenbosch wird oft mit feinem Kaprotwein in Verbindung gebracht, aber dieses Etikett ist inzwischen veraltet und in zweierlei Hinsicht irreführend. So haben Constantia, Paarl und Franschhoek längst bewiesen, daß hochwertiger Rotwein auch anderswo am Kap entsteht, und zudem ist die Region Stellenbosch nicht allein auf Rotwein eingeschworen, sondern bringt auch viele erstklassige trockene Weißweine hervor, u. a. Chardonnay und Sauvignon Blanc, der ja in kühler maritimer Umgebung am besten gedeiht. Nun liegt die Stadt zwar im Inneren, aber doch nur 15 Autominuten von der Küste entfernt. Obendrein erstreckt sich der Weinbau Stellenboschs bis hinunter zur False Bay am Atlantik. Kühle Brisen wehen insbesondere über das Helderberg-Gebirge, das mit den höchstgelegenen, stärksten maritimen Einflüssen ausgesetzten Weinbergen beste Voraussetzungen bietet.

Das Klima und den Boden von Stellenbosch in feste Kategorien einzuordnen ist ein schwieriges Unterfangen. Es gibt zu viele Ausnahmen von der Regel, daß an den Berghängen saurer, verwitterter Granitboden und in den Tälern Schwemmlandboden über Ton vorherrscht. Die Wissenschaft nennt rund 50 Bodenarten, und die unterschiedlich steilen Hänge bieten eine Vielfalt von heißen bis gemäßigten Lagen. Obwohl viele Weinpflanzungen bewässert werden, allerdings weniger als im heißen Landesinneren, liegen die Erträge erheblich niedriger (rund 7 t/ha bei Rotweintrauben) als dort. Die meisten Böden benötigen insbesondere vor der Neubestockung kräftige Kalkgaben zur Erreichung höherer pH-Werte.

Die seit langem bekannten Weingüter Meerlust, Kanonkop, Rust-en-Vrede, Uitkyk, Overgaauw, Rustenberg (letzteres produziert seit über einem Jahrhundert ohne Unterbrechung Wein) sind hauptsächlich auf Cabernet oder Verschnitte nach Bordeaux-Art spezialisiert. Allerdings werden sie in den letzten 10 Jahren durch neue Stars in Stellenbosch und anderswo am Kap in die Schranken gefordert.

△ *Die Thelema Mountains bilden eine spektakuläre Kulisse für die Weinberge von Stellenbosch.*

So kommt es, daß die meistgepriesenen Stellenbosch-Weine der neuen Welle nicht nur aus neu angelegten Weinbergen, sondern auch von Kellertechnikern der neuen Generation stammen. Der in Kalifornien geschulte Kellermeister Gyles Webb von Thelema Mountain Vineyards gewinnt mit großer Regelmäßigkeit preisgekrönte Weine aus Weinbergen, die erst in der Mitte der 1980er Jahre anstelle von Obstplantagen gepflanzt worden waren. Thelema war das erste Weingut der Gegend, das internationale Beratung (aus den USA) heranzog, und das wirkt sich deutlich aus.

Stellenbosch hat sich auch noch andere Wege zur Verbesserung seiner Weine erschlossen: Laubdachpflege für intensivere Frucht und Ertragsbeschränkung durch Rebschnitt für das richtige Gleichgewicht zwischen Laubmasse und Frucht folgten auf Verbesserungen bei der Klonenselektion und der Wahl der Veredelungsunterlagen. Veränderungen bei der Vinifikationstechnik sowie Ausbau in Fässern aus französischer Eiche haben weitere Qualitätsverbesserungen gebracht.

Die Statistik relativiert das glänzende Bild von Stellenbosch: Die meistangebaute Rebsorte ist Chenin Blanc mit 28% des Rebbestands (das entspricht dem nationalen Durchschnitt), während auf Chardonnay und Sauvignon Blanc zusammen weniger als 20% entfallen. Die Spezialität Pinotage, eine 1926 durch Kreuzung von Pinot Noir und Cinsault gezüchtete Rotweintraube, nimmt lediglich 7% der Rebfläche ein, die übrigens nur 15% der Gesamtrebfläche Südafrikas (103 000 ha) ausmacht.

Constantia

In den 1990er Jahren vollzieht sich ein konsequenter Wiederbelebungsversuch in den Vororten südwestlich von Kapstadt, wo der einstige Glanz der ältesten Weinbauregion und des ersten und noch immer berühmtesten Weinguts am Kap, Groot Constantia, neu aufgerichtet werden soll.

Das staatliche Weingut und die in der Nähe gelegenen privaten Weinbaubetriebe waren im 19. und 20. Jahrhundert weitgehend vernachlässigt. Aber die Fachleute sind übereinstimmend der Auffassung, daß diese schmale in den Südatlantik hinausragende Halbinsel mit ihren ausgeprägten maritimen und Gebirgseinflüssen ideal für

Qualitätswein sei. In anderen Gegenden reifen die gleichen Rebsorten oft 2 bis 3 Wochen früher; die längere Reifeperiode trägt im Verein mit der frischen Meeresbrise ebenfalls zu Finesse und Intensität bei.

Die meisten Böden in Constantia bestehen aus wasserspeicherndem tonhaltigem verwittertem Granit oder lehmigem Sandstein und brauchen keine Zusatzbewässerung; überdies liegt die Niederschlagsmenge höher als 1000 mm im Jahr. Das Temperaturmittel von 18-19 °C ist das niedrigste aller Regionen des Kaplands.

Die feine Gesellschaft am Kap feierte zur Zeit der ersten Kolonisierung und im 19. Jahrhundert ihre Glanzzeit mit dem Wein von Constantia, einem schweren, öligen roten oder weißen Dessertwein auf der Grundlage der Traubensorte Muscat de Frontignan, der sowohl im Preis wie auch in der Popularität an europäischen Fürstenhöfen nur dem ungarischen Tokajer nachstand. Nicht einmal der große Bordeaux, dessen Klassifizierung allerdings erst 1855 aufgestellt wurde, vermochte ihn auszustechen.

Doch die Wechselfälle kolonialer und europäischer Kriege sowie die Abschaffung der Vorzugszölle, dazu die Reblaus um 1870 und die Weinüberschüsse der 1920er Jahre, für die nur die Brandyproduktion als Ausweg blieb, führten gemeinsam zum Niedergang von Constantia, während zugleich Kapstadt eine Expansion erlebte, der das landwirtschaftlich genutzte Land größtenteils zum Opfer fiel.

Inzwischen aber sind seit der Mitte der 1980er Jahre überzeugende Beweise für moderne Weinqualität zum Vorschein gekommen, als Klein Constantia (neben Groot Constantia) von seinem neuen Besitzer Duggie Jooste und dessen Kellermeister Ross Gower mit neuen, virusfreien Klonen wiederbestockt wurde.

Feiner, pikanter, kräftiger Sauvignon Blanc mit subtilen Jahrgangsnuancen (seit 1986) sowie eindrucksvoller Cabernet und Chardonnay entstehen in diesem technisch ausgefeilten, durch und durch die Neue Welt repräsentierenden Weingut. Außerdem läßt Klein Constantia mit seinem Vin de Constance die alten Dessertweintraditionen wieder aufleben, und zwar mit exakt denselben Muscat-Klonen und Vinifikationstechniken wie vor Jahrhunderten. Die Stiele der ausgereiften Trauben

△
Die Weinberge von Klein Constantia sind mit virusfreien Rebenklonen neu bestockt worden.

werden verdreht, und die Frucht bleibt am Weinstock hängen, bis sie rosinentrocken ist und beim Keltern einen hochkonzentrierten Most liefert, der hohen Alkoholgehalt, fast edelfäuleähnliche Nuancen und große Komplexität ergibt.

Nebenan liegt ebenfalls in den grünen Vorstädten das Weingut Buitenverwachting, wo in den 1980er Jahren deutsche Investoren keine Kosten für die Kellertechnik und die Wiederbestockung mit modernen Rebsorten sparten. Von hier kommen die bisher vielleicht ausgefeiltesten neuen Weine des Kaplands – ausnehmend guter Cabernet, Chardonnay, Sauvignon Blanc und Riesling. Wie in Klein Constantia passen sich auch in Buitenverwachting die untadeligen neuen Kellereigebäude der traditionellen Architektur wunderbar an. Dieses Weingut lohnt einen Besuch sehr, nicht zuletzt weil es eines der feinsten Restaurants Südafrikas beherbergt. Man kann dort vielleicht auch einmal die Paviane beobachten, die jedes Jahr regelmäßig über die Zäune an den oberen Hängen der Weinberge von Constantia klettern, ein deutliches Zeichen, daß die Trauben bald reif sind. Mit klappernden Konservenbüchsen versuchen die Weinbergarbeiter dann die Räuber zu verscheuchen.

Steenberg ist das neueste große und überaus qualitätsbewußte Weingut; es entstand in Verbindung mit einem Golfplatz und einem Seniorenwohnpark mit Restaurant. Hier kam 1995 ein erster vielversprechender frischer Sauvignon heraus.

Durch diese Erfolge wurde das legendäre Weingut Groot Constantia, eine der meistbesuchten Touristenattraktionen Kapstadts, dazu angespornt, die eigenen Lorbeeren wieder hervorzuholen. Nach einer vollständigen Neubewertung, welche Rebsorten sich am besten für die Lage eignen, begann Martin Moore 1989 moderne, ausgewogene Weine anzubieten. An der Spitze seines Programms steht der hochangesehene eichenfaßgereifte Cabernet/Merlot-Verschnitt im Stil von Bordeaux namens Gouverneurs Reserve. Moore muß aber auch liebliche Weine produzieren, u. a. Chenin Blanc und Rosé, um der allgemeinen Vorliebe der Touristen für Süßeres Rechnung zu tragen.

Durbanville

Die Vororte Kapstadts dehnen sich stetig weiter aus und verschlingen dabei ebenso stetig das noch übrige Farmland von Durbanville. Nur ein paar Weinberge halten sich – nach Meinung der Fachleute handelt es sich um privilegierte, vom kaum 10–15 km entfernten Südatlantik mit Kühlung versorgte Lagen. Die Brise läßt aber nicht nur die Temperatur auf 19 °C im Durchschnitt der Wachstumsperiode sinken, sie durchlüftet auch die Reben und hemmt Pilzkrankheiten.

Die Parkers auf Altydgedacht sind alteingesessene Winzer und haben Experimente mit verschiedenen Rebsorten angestellt, u. a. auch mit der im Land sonst nicht anzutreffenden italienischen Rotweintraube Barbera und mit Gamay. Ihre Pinotage-Version, in amerikanischer Eiche gereift und weit milder als im Land üblich, ist hoch angesehen, ebenso ihr superblumiger Gewürztraminer. Gute Cabernets von recht tiefgründigen Böden aus rotem verwittertem Granit, die den Rebenwurzeln über die heißen Sommer hinweghelfen, bieten Diemersdal, ein Gut, das seit 300 Jahren Wein baut, und Bloemendal, das auch einen erfrischenden trockenen Schaumwein in Flaschengärung produziert.

Walker Bay

Früher gab es in dieser Küstenregion nicht viel Weinbau, und selbst das wenige, das es gab, scheint vor Jahrzehnten aufgegeben worden zu sein. Auf der einstündigen Autofahrt entlang der Küste von Kapstadt nach dem beliebten Ferienort Hermanus, der größten Stadt an der Bay, kommt der Besucher an Obstplantagen, Weizenfeldern und Schafweiden vorüber. Reben bekommt er kaum zu Gesicht.

Genaue Beobachter der Trends halten diese Region mit ihrem kühlen Meeresklima jedoch für eine der verheißungsvollsten in Südafrika. Hier gibt es nur sieben Weinbaubetriebe – alle noch jung –, aber einige weitere sind schon in Planung.

Das alles gäbe es vermutlich nicht, wäre da nicht der Pionier Tim Hamilton Russell, in mancher Hinsicht ein Einzelgänger und noch 1978 leitender Mitarbeiter der Werbeagentur J. Walter Thompson in Johannesburg. Er pflanzte auf den windigen Hügeln hinter seinem Ferienhaus bei Hermanus ein paar Cabernet-Reben, stand aber damals physisch und geistig den Durchschnittswinzern Südafrikas mehr als nur fern. Auch legte ihm die Kontrollbehörde im KWV-Hauptquartier, die stets auf Konformismus hielt, manchen Stein in den Weg. Der Boden, meist Sand und Geröll, war flachgründig und wenig entgegenkommend, nur hier und da gab es tiefgründigere Stellen mit Kies und Lehm. Die starken Winde von der Landseite her waren manchmal für die Reben bedrohlich, auch hatte der Cabernet Reifeprobleme. Die Walker Bay ist nach Kapmaßstäben kühl, sie kommt mit mittleren Tagestemperaturen von unter 20 °C während der Wachstumsperiode Constantia nahe.

Hamilton Russell blieb beharrlich; da ihm die Voraussetzungen geeignet erschienen, pflanzte er Pinot Noir und Chardonnay, und bereits 1985 hatte er sich mit beiden eine gute Reputation geschaffen – eine neue Weinbauregion war in Südafrika entdeckt. Auch wurden andere ermutigt, ihre Suche über die gesicherten Lagen hinaus auszudehnen und die vom KWV inspirierten Vorstellungen in Frage zu stellen. Inzwischen hat Sohn Anthony den Betrieb Hamilton Russells übernommen und erweitert ihn nun. Er macht auch Versuche mit Pinotage; der erste Jahrgang (1995) zeigt dieselbe Eichennote, wie Kellermeister Kevin Grant sie dem Pinot Noir verleiht – eine verhalten zarte regionale Art ist unverkennbar.

Die bisherigen Pinot-Noir-Bestände, die auf dem einzigen früher erhältlichen Klon, dem aus der Schweiz stammenden BK5, beruhen, werden ausgemerzt. Sie sind virusgeschwächt und erbringen Wein, der zu frühzeitiger Bräunung neigt. Die ersten Jahrgänge, die in größerem Ausmaß von neuen Klonen aus Burgund stammen, zeigen festere Farbe. Hamilton Russell Jr. ist jedoch bemüht, die verhaltenen für Burgunder traditionellen organischen Duft- und Geschmacksnoten zu bewahren, die seine früheren Jahrgänge kennzeichneten und die seiner Meinung nach auf jeden Fall aus seinem speziellen Terroir stammen.

Der frühere Kellermeister des Weinguts Hamilton Russell, der Burgundkenner Peter Finlayson, war der erste, der das Experiment auf den Hängen nebenan mit Pinot Noir, Chardonnay und Sauvignon Blanc wiederholte, jedoch mit französischer Beteiligung. Dann errichtete eine der wenigen Kellertechnikerinnen Südafrikas, Storm Kreusch-Dau (früher ebenfalls Kellermeisterin bei Hamilton Russell) mit denselben Rebsorten das Weingut WhaleHaven.

△
Das Vater-und-Sohn-Team Tim und Anthony Hamilton Russell nutzt das Kühlklimapotential an der Walker Bay.

Peter Finlayson hat nicht so komplizierte Ideen mit Pinot Noir – er strebt vielmehr einen kräftigeren, von vornherein tanninherberen Burgunderstil an, von dem auch er glaubt, er sei klarer Ausdruck seines Terroirs. Er pflanzte von vornherein neue Pinot-Noir-Klone und machte u.a. Versuche mit einer Variante des französischen Guyot-Erziehungssystems und hoher Pflanzdichte.

Weiter landeinwärts am Bot River haben Erzeuger, die bisher nur die Genossenschaften belieferten, mit eigenen Abfüllungen begonnen; die besten Aussichten bieten Beaumont Pinotage und Wildekrans Sauvignon Blanc. Die Rebfläche ist weit verstreut, bildet aber das Bindeglied zum höhergelegenen, waldreichen Gebiet von Elgin, wo es die schönsten Apfelplantagen des Landes gibt. Hier rentiert sich seit jeher der Obstexport besser als der Weinbau. Dennoch hat sich eine Handvoll Apfelanbauer in Elgin dazu überreden lassen, mit Weinpflanzungen zu experimentieren. Die Ergebnisse haben die Traditionalisten in Staunen versetzt. Paul Cluver, der hier bekannteste Name, nahm 1997 die erste Weinkellerei der Gegend in Betrieb (früher belieferte er Nederburg in Paarl mit seinen Trauben).

Franschhoek

Der Name, «französische Ecke», erinnert daran, daß sich hier 1688 viele aus Frankreich geflüchtete Hugenotten niederließen. Das Tal ist auch als Olifantshoek bekannt, weil zwischen Hügeln und Bächen vor einer majestätischen Gebirgskulisse Elefanten darin umherstreiften.

Wie sie ist auch die französische Sprache hier ausgestorben, nur die Namen vieler Weingüter, etwa La Motte, L'Ormarins, Clos Cabrière und Chamonix, sind noch ein Echo aus alten Tagen. Freilich spricht inzwischen einiges für eine Umbenennung in Engelse Hoek, «englische Ecke», denn englischsprachige Winzer haben sich im Tal angesiedelt und bemühen sich, dem Weinbau neues Leben einzuhauchen und ihm seinen früheren Ruf eines Massenweinlieferanten zu nehmen. Bisher verarbeitete ausschließlich die Genossenschaft Franschhoek die Traubenernte von rund 120 Mitgliedern, von denen sich viele mehr mit Obst und Gemüse beschäftigten.

Das hat sich nun geändert. Fast ein Dutzend kleine Weinbaubetriebe ist entstanden, weitere sind geplant. Es gibt neue avantgardistische Marken die Menge und auch Erzeuger ohne eigene Kellerei, die ihre Trauben unter eigenem Namen keltern lassen. Die Zahl der Restaurants hat sich in den letzten fünf Jahren verzehnfacht, und der einst verschlafene Ort mit seinem kleinen, den frühen Pionieren aus Europa gewidmeten Museum ist heute voller Betriebsamkeit.

Die bedeutendste Entwicklung im hiesigen Weinbau ist eine Verschiebung bei den Rebsorten, vor allem weg von einem uninteressanten Sémillon-Klon. Viele Weinberge besaßen keine Spaliere und konnten bei einer Pflanzdichte von 1 x 1 m nur mit Pferden bearbeitet werden. Vielleicht kommt die hohe Pflanzdichte ja einmal wieder, inzwischen aber wurden die Weinberge im gängigen Abstand von 2 x 3 m mit den populären Rebsorten Chardonnay, Sauvignon Blanc, Sémillon in neuen Klonen und Riesling neu bestockt. Auch Chenin Blanc ist noch verbreitet.

Neuerdings tauchen auch schon feine eichenfaßgereifte Rotweine auf, vor allem solche von dem Bonvivant und Innovator Achim von Arnim. Er kam 1981 in das Tal, produzierte 1985 im Clos Cabrière Franschhoeks ersten Schaumwein nach dem Champagnerverfahren von Chardonnay und Pinot Noir und dann 1994 einen auf kies- und tonhaltigen Böden gewachsenen Pinot Noir, der weithin als Durchbruch in Südafrika gepriesen wurde – geschmeidig und mild, mit Kirschen- und Gewürznoten.

La Motte, ein moderner Weinbaubetrieb mit einem qualitätsbewußten französischen Kellermeister namens Jacques Borman, produziert seit den späten 1980er Jahren hervorragenden Shiraz und Cabernet. L'Ormarins mit gleichermaßen ausgezeichneten Kellereinrichtungen und einem grandiosen Gutshaus bietet Weine mit Wucht und Klasse und eine breitere Rebsortenpalette. Sie alle und noch weitere Erzeuger gehören dem Verband Vignerons de Franschhoek an, der eine Weinstraße und in besonders schön gelegenen Farmen Verkostungsmöglichkeiten eingerichtet hat.

In den 1990er Jahren sind in Franschhoek Investitionen und Expansionen geschehen; im jetzigen Übergangszustand ist mit vielen Experimenten zu rechnen, bis sich ein klares Bild der Qualitäten und besonderer Stärken im Weinbau herausstellt.

△
Das ursprünglich von Hugenotten aus Frankreich besiedelte Gebiet von Franschhoek war einst von Elefanten bevölkert.

Paarl

Zwar mag das nur 30 km weiter südlich zum Ozean hin gelegene Stellenbosch das glänzende Aushängeschild des Weinbaus am Kap sein, das eigentliche Machtzentrum aber ist Paarl. 1917 wurde hier die gigantische Genossenschaft KWV gegründet, die alle Winzer unter einem einzigen Banner versammelte. Seither hat der Staat dieser mächtigen Organisation weitgehende Vollmachten zur Beschränkung der Weinproduktion und zur Festsetzung der Preise eingeräumt.

Bis zu ihrer allmählichen Abschaffung ab den frühen 1990er Jahren bildeten diese Privilegien ein sanftes Ruhekissen für rund 4500 Mitglieder, die bis auf etwa 150 (die ihren eigenen Wein produzierten) ihre Traubenernte an 71 über das ganze Kapland verteilte KWV-Filialen ablieferten. Die KWV sog alle Überschüsse auf und verarbeitete sie in ihren eigenen Anlagen auf einem 18 ha großen Gelände in Paarl vor allem zu Industriealkohol. Außerdem produzierte sie eine Reihe von «Ports» und «Sherrys» sowie eine breite Auswahl an preiswerten Tischweinen für den Export.

Seit der Aufhebung der Anti-Apartheid-Sanktionen und dem Aufschwung im Export geben sich die Einkäufer im KWV-Hauptquartier La Concorde in Paarl die Klinke in die Hand. Die Weinpflanzungen reichen bis an die Hauptstraße des Orts heran, und das KWV-eigene Mustergut La Borie gegenüber von La Concorde bietet Besuchern Weinproben sowie im Restaurant bodenständiges Essen.

Paarl – der Name kommt daher, weil die mächtigen gerundeten Felsen oberhalb der Stadt nach Regen wie Perlen schimmern – gilt als warme Region, obschon die Gebirge und der sich westwärts schlängelnde Berg River weiten Teilen Mäßigung bringen.

Allgemein läßt sich sagen, daß die Weine aus Paarl breiter und schwerer sind als die von der Küste. Der auch anderswo anzutreffende Mischbestand an Rebsorten ist in Paarl ebenfalls vorzufinden; die großen Kellereien wie Nederburg (700 000 Kisten jährlich), Backsberg, Villiera, Fairview und Landskroon sowie die riesigen Genossenschaften wie Simonsvlei beziehen eigenes und zugekauftes Traubengut aus unterschiedlichen Boden- und Klimaverhältnissen.

Der recht karge, poröse Tafelberg-Sandsteinboden in den Tälern ermöglicht den Reben nur flache Wurzeltiefe und verlangt im Sommer, wenn die Temperaturen oft bis weit über 30 °C ansteigen, reichliche Bewässerung. In den nördlichen Teilen von Paarl jenseits von Wellington nach Tulbagh hin tritt vermehrt Tonschiefer auf, und an den Berghängen findet sich verbreitet saurer, verwitterter Granit.

Die Region (mit einer Niederschlagsmenge von oft unter 400 mm im Jahr) ist zwar nicht von derselben Aufbruchstimmung erfüllt wie Stellenbosch, dennoch ist auch an ihr die technische Revolution im Weinbau nicht vorübergegangen.

Unter den Bahnbrechern findet sich eine Handvoll alter und neuer Namen. Bei Fairview auf der Südwestseite des Paarl Rock arbeitet der aufgeschlossene, experimentierfreudige Charles Back mit australischen und abgewandelten französischen Produktionsideen, z. B. *macération carbonique*, um vielen seiner zahlreichen Weintypen beste fruchtige Zugänglichkeit zu verleihen. Besonders beliebt sind sein Shiraz, Pinotage, Chardonnay (alle mit kräftigem Eichenton) sowie Chenin Blanc in allen Stilen, nicht zu vergessen die Rosés und den Gamay. Als erster Erzeuger am Kap brachte er einen Viognier auf den Markt.

Im neugestylten Weingut Plaisir de Merle auf den Osthängen des Simonsbergs produzierte die Stellenbosch Farmers' Winery mit Paul Pontallier von Château Margaux als Berater schon 1993 einen Cabernet, der eine für das Kap ungewöhnliche, durch reifes Tannin geprägte Zugänglichkeit aufweist. Donald Hess aus Napa (The Hess Collection) war von den Chardonnays von Glen Carlou so angetan, daß er 1996 eine Beteiligung an diesem Betrieb (20 000 Kisten jährlich) erwarb.

Auf der heißeren Nordwestseite von Paarl hat der in Zürich ansässige international anerkannte südafrikanische Tenor Deon van der Walt das neue Weingut Veenwouden geschaffen, das eine ganze Reihe ebenfalls international anerkannter Weine hervorbringt. Sein Bruder Marcel beweist als Kellertechniker – mit Beratung durch den berühmten französischen Önologen Michel Rolland, dessen Einfluß in dem feinen Wein nach Bordeaux-Rezept erkennbar ist –, daß die Ansicht, Frucht aus warmen Lagen könne nur scharfen, groben Wein hervorbringen, irrig ist.

△
Die Berge von Paarl schimmern nach Regen wie Perlen – daher der Name in Afrikaans.

Wellington

Der größte Teil der Rebschulen des Kaplands hat sich in den warmen Tälern zwischen Paarl und Tulbagh versammelt. Die Stadt selbst und ihre Umgebung ist von gemischter Landwirtschaft mit Schafherden, Guavabäumen und Weizenfeldern geprägt. Aber in den bewaldeten nordöstlichen Ausläufern der eindrucksvollen Gebirge um den historischen Bains Pass – lange Zeit das Tor des Kaplands nach Norden – wecken in letzter Zeit einige Gewächse Interesse über die süffigen Alltagsweine der Genossenschaften hinaus.

Swartland

Das «schwarze Land» erstreckt sich als ein weites, offenes, sanft hügeliges Weizenanbaugebiet von Kapstadt westwärts und bildet einen krassen Kontrast zu den malerischen Gebirgslandschaften im Hinterland der Hauptstadt. Als Weinbaugebiet nimmt es sich mit seinem geringen Jahresniederschlag von nur 250 mm recht unwahrscheinlich aus. Doch der Anschein trügt. Manche Lagen an der Küste von Swartland – insbesondere bei Darling (wohin Tausende von Touristen im Frühling strömen, um die herrliche Wildblumenblüte zu bewundern, die das flache Land bis an den Horizont wie ein Teppich überzieht) – sowie einige kühle Erhebungen in den welligen Ebenen bieten weinbaufreundliche Verhältnisse, wenn auch nur verstreut und in kleinem Ausmaß wie etwa bei Piketberg, Porterville und Riebeek West.

Inzwischen werden Darling und das Land an der Westküste um Saldhana sowie die Berglagen im Inneren häufiger als künftige Quellen von Trauben in guter markanter Qualität genannt. Bis 1991 setzten die amtlichen Anbauquoten jeder privaten Initiative in diesen Gegenden Schranken. An der allgemein kühleren, vom Benguela-Strom aus der Antarktis bespülten Westküste erweist sich Wassermangel als Hindernis, außer an manchen Stellen im Gebirge, wo Niederschläge durch Staudämme aufgefangen werden können, und an den wenigen Wasserläufen.

Die staubige, unansehnliche Stadt Malmesbury ist das Zentrum von Swartland und der Standort einer der großen Genossenschaftsbetriebe, Swartland Wine Cellar.

Chefkellermeister Johan de Villiers meint, daß der Wassermangel und der vorherrschende eher flache Schieferboden (an manchen Stellen auch Granit und Sandstein) als natürliche Bremse für die Produktion wirken. Die Erträge der hier verbreitetsten und überall am Kap anzutreffenden Rebsorte Chenin Blanc, auch Steen genannt, liegen bei 8 t/ha. Steen aus Swartland ist oft rassig frisch und aromatisch, aber kurzlebig. Auch guter Sauvignon Blanc kommt vor, und de Villiers produziert herzhafte, milde, unkomplizierte Rotweine von Pinotage und Shiraz.

Bei Darling wächst der frische, stachelbeerfruchtige Sauvignon Blanc von Neil Ellis in Stellenbosch, der besonderes Geschick im Auffinden charaktervoller regionaler Frucht beweist; er kaufte um die Mitte der 1980er Jahre als erster Sauvignon-Blanc-Lesegut im Apfelland Elgin, als man dort von Traubenanbau noch nicht viel hielt.

Zwar produziert auch Swartland der in Südafrika herrschenden Tendenz folgend zu über zwei Dritteln Weißwein, doch einer der beständig guten Weine im Port-Stil kommt aus dem Allesverloren Estate in Riebeek West, einem Besitz der Familie Malan; die von Souzão und Tinta Barroca erzeugte «Late-Bottled-Version» entsteht in einem ebenso heißen, unwirtlichen Klima wie im Douro-Tal in Portugal.

Tulbagh

Die Vorstellung, daß feiner flaschenvergorener Schaumwein nach der sogenannten «Méthode Cap Classique» aus der heißen Mulde um den von Bergen umgebenen Ort Tulbagh kommen könne, nimmt sich auf dem Papier seltsam aus. Und doch wird in dem 200 Jahre alten, 274 ha großen Weingut Twee Jonge Gezellen der Familie Krone seit 1987 ein frischer, rassiger Sekt von Chardonnay und Pinot Noir produziert. Der heutige Besitzer, Nicky Krone, ging 1995 als erster Südafrikaner eine Partnerschaft mit einem Champagnerhaus ein, und zwar mit Mumm, dessen Brut dem Krone Borealis im Stil ähnlich ist.

Auch bei der Handvoll weiterer Erzeuger in dieser Gegend liegt der Schwerpunkt auf Weißweinrebsorten; der größte Teil der Rebfläche entfällt auf Muscat de Fron-

△
Gebirge umgeben die Weinberge von Tulbagh, wo die Weinlese nachts stattfindet, um der Tageshitze zu entgehen.

tignan und d'Alexandrie, aber auch Sémillon und Riesling werden angebaut. Auf Twee Jonge Gezellen pflegt Krone rund 15 Rebsorten; übrigens ist er seit jeher ein rühriger Geist und führte in Südafrika die Lese bei Nacht ein. Sein Vater war in den 1960er Jahren ein Förderer der kühlen Gärführung, die den Abschied von den traditionellen, oxidierten süßen Weinen einleitete.

Steinige Kiesböden über einer Tonschicht sind hier die Regel, außer an den Hängen, wo die Reben auf verwittertem Granit stehen; ihr gutes Glück verdanken die Winzer jedoch dem hohen Sarelberg im Westen, der schon am frühen Nachmittag Erholung von der Sommerhitze bringt.

Worcester

Von dem bis noch vor kurzem nur mühsam über den Du Toits Kloof Pass nördlich von Paarl, heute aber viel rascher durch einen Tunnel erreichbaren Worcester sprechen die Küstenbewohner herablassend als dem «Land hinter dem Berg». Dort aber erbringt ein Netz von Privatkellereien (nur wenige registrierte Weingüter) und großer Genossenschaften allein ein Viertel der Weinproduktion Südafrikas.

Dieses Land ist nicht so stark auf Touristen eingestellt wie der Küstengürtel, daher verlief der Zuwachs an privaten Weinbaubetrieben langsamer, was sich auf den Rebsortenbestand auswirkt. Über 70 % der Rebfläche entfallen auf weiße Trauben für Konsumwein, also Chenin Blanc, Colombard, Palomino und Hanepoot (Muscat d'Alexandrie). Bis 1996 nahm Chardonnay nur 4,2 % der Rebfläche ein.

Wie in der Region Robertson weiter im Osten sind auch in Worcester die Winzer auf den nahegelegenen Brandvlei-Stausee angewiesen, denn die Wetterküche der Antarktis lädt die kostbaren Niederschläge mehr an der Küste ab. Für Worcester im Windschatten der Gebirge bleiben oft nur dürftige 200 mm im Jahr übrig. Die Berge tragen im Winter manchmal Schnee – solche Bilder macht sich die Werbeliteratur gelegentlich zunutze, um dem Stigma eines heißen Klimas entgegenzuwirken. Der äußerste Norden des Gebiets bei De Doorns widmet sich vor allem dem Tafeltraubenanbau.

Mehrere führende Genossenschaften – insbesondere Du Doitskloof, De Wet und Nuy – produzieren hervorragende trockene Weißweine. Die meisten Betriebe verstehen sich auf die Erzeugung von einfachem, fruchtigem Colombard und Chenin Blanc der in Südafrika populären lieblichen Art. Die Region ist aber auch eine der Hauptquellen für üppige alkoholangereicherte Muscats (nach denen die Nachfrage im Schwinden begriffen ist) und Massenweinen für Verschnitte.

Das ändert sich jedoch. Die Gegend mit ihren lehmigen und steinigen Schwemmlandböden ist fruchtbar, und die zahlreichen großen Weinbaubetriebe mit modernen Edelstahltanks und Kühleinrichtungen sowie eine der größten Abfüllanlagen Südafrikas haben die Einkäufer ausländischer Supermärkte angelockt, die Worcester als preisgünstige Quelle sauberer, sofort trinkreifer Weine betrachten.

△ *Die ertragsstarken Rebsorten Chenin Blanc und Colombard herrschen in der Steppenregion Robertson vor.*

Robertson

Die steppenartige Region im Landesinneren verdankt ihre Existenz als Weinbau- und Brandygebiet – neben ihrer großen Lebensader, dem träge dahinströmenden Breede

River – dem flußaufwärts nach Worcester zu gelegenen Brandvlei-Staudamm. Der Breede River fließt ostwärts zum Indischen Ozean, eine Zeitlang parallel zu den Langeberge Mountains im Norden, am Rand des drunten im Tal unter seinen Wellblechdächern vor sich dämmernden Städtchens Robertson.

Bevor der Brandvlei-Staudamm um die Jahrhundertwende gebaut wurde, trocknete der Fluß im Sommer oft aus, und die kernigen, höflichen, schweigsamen Farmer holländischer und hugenottischer Abstammung lebten damals vor allem von der Schafzucht. Noch heute bildet das Schaf das Kernstück der hiesigen Küche, z. B. als Karoo-Lamm – am Spieß gebraten, von Fett triefend, dazu Berge von süßsaurem Kürbis.

In der Hauptsache aber wird heute hier Weißwein erzeugt und getrunken. Zu den Weinspezialitäten der Region zählen auf 17–18 % Alkohol angereicherte Muscats in Rot und Weiß, oft köstlich vollmundig, sehr süß und würzig. Die einfacheren stammen von Muscat d'Alexandrie (hier Hanepoot genannt), die feineren Muscadels (auch Muskadel und Muscadelle) dagegen vom kleinbeerigen Muscat de Frontignan, der angeblich zu den Rebsorten gehörte, die der erste holländische Gouverneur Jan van Riebeek vor über 300 Jahren nach Südafrika brachte.

Zwei Naturgegebenheiten begünstigen den Wein von Robertson: die sonst am Kap seltenen Vorkommen kalkreicher Böden und die kühlen Nachttemperaturen, die den Mittelwert im Frühling und Sommer knapp über 22 °C absinken lassen und den Reifevorgang verlangsamen, der sonst bei den häufig erreichten Tagestemperaturen von 35 °C allzu rasch verlaufen und die Fruchtqualität beeinträchtigen würde.

Robertson und die Nachbarorte Ashton, McGregor, Bonnievale und Montagu sind entweder von Westen her über Worcester oder von den Küstenstädten Caledon und Swellendam im Osten zu erreichen. Auf beiden Wegen fährt der Besucher auf breiten Straßen durch eine weite, sanft hügelige Landschaft, in der sich graues, kniehohes Gestrüpp (zur Küste hin Weizenfeld an Weizenfeld) mit eingestreuten Weinpflanzungen bis zu den Bergen hinzieht.

Dazwischen ragen Kellereien auf: umfangreiche Genossenschaftsbetriebe, die jährlich 20000–30000 t Trauben in reihenweise aufmarschierten Edelstahl- und Zementtanks verarbeiten – einer davon ein futuristisch geschwungener Bau in Purpur und Orange. In konservativerem Weiß zeigen sich kapholländische und sauber gegliederte georgianische Fassaden unabhängiger Traditionalisten, meist umgeben von Gärten voller Bougainvillaea, Rosen und Canna in leuchtenden Farben.

Anfang der 1990er Jahre entstand der Robertson Wine Trust, eine Marketingorganisation, die auch Karten und Broschüren herausgibt. Wie auch anderswo im Kapland sind Übernachtungsmöglichkeiten mit Frühstück aus dem Boden geschossen. Alte holländische und französische Namen zeugen von den europäischen Wurzeln des Kapweinbaus: Mon Don, Bon Courage, Clairvaux, Jonkheer, Mooiuitsig.

Die lukrativeren Weißweinrebsorten Chardonnay, Sauvignon Blanc, Riesling und Gewürztraminer haben schon Anfang der 1980er Jahre die alltäglicheren Trauben Chenin Blanc und Colombard zu verdrängen begonnen. Dennoch entfällt auf die beiden letzteren über die Hälfte der 11000–12000 ha Rebfläche – das sind rund 10 % der Gesamtrebfläche Südafrikas. Zwar eignen sich die Chenin- und Colom-

bard-Weine aus Robertson gut für die Verarbeitung zu Brandy, sie sind aber auch als guavafruchtige trockene und liebliche Weißweine zu günstigen Preisen anzutreffen.

Neuerdings werden auch ein paar bei internationalen Auftritten wohlaufgenommene Schaumweine auf Chardonnay-Basis produziert, vor allem von dem Kohlenbergwerksmagnaten Graham Beck, der ursprünglich sein Gut Madeba am Rand von Robertson kaufte, um dort Rennpferde zu züchten. Der Kalk im Boden der Gegend ist für den Knochenbau der Pferde ebenso vorteilhaft wie für die Reben.

Darüber hinaus schicken sich die Weinerzeuger auch an, die lange gehegte Auffassung zu widerlegen, Robertson sei zu warm und wasserabhängig, als daß dort feiner Rotwein entstehen könne. Zunehmend werden Cabernet, Pinot Noir (z. T. für Schaumwein) und Merlot angebaut und mit höherer Pflanzdichte, Laubpflege und Ertragsbeschränkung Weine gehobener Qualität angestrebt.

Viele (mit guten Verkostungsmöglichkeiten versehene) Weinbaubetriebe wie Graham Beck, Springfield, Zandvliet, Weltevrede, De Wetshof, Bon Courage, Van Loveren bieten nach wie vor eine breite Palette an Rebsorten und Stilen, von schweren Dessertweinen wie «Port» und Muskateller über liebliche Weißweine bis zu trockenen Klassikern und gelegentlich auch Rotwein. Die bekanntesten Genossenschaften sind Rooiberg, Robertson, McGregor, Ashton, Roodezandt und Bonnievale.

Klein Karoo

Dem Besucher, der die heiße, trockene Steppenregion nach vier Stunden Autofahrt von Kapstadt nach Nordosten erreicht, fallen insbesondere Straußenfarmen und Schafzuchtbetriebe ins Auge. Die mächtigen Küstengebirge weichen hier einem weiträumigen Hügelland. Um die Orte Outshoorn und Calitzdorp unterhalten ein paar Erzeugerbetriebe (auf die nur 3,5% der Weinproduktion Südafrikas entfallen) Rebenpflanzungen. Tiefgründige Schwemmlandböden an den Flußufern erbringen im Verein mit Bewässerung aus Stauseen, die den Winterniederschlag speichern, und viel trockener Wärme reichliche Erträge. Die übliche Rebsortenzusammensetzung wiederholt sich auch hier, d. h. vorwiegend Weißweintrauben, zumeist Chenin Blanc

(25 %), Colombard und Palomino (für die Brandyherstellung), und es werden auch vielgepriesene alkoholangereicherte Muscadels erzeugt.

Calitzdorp ist besonders bekannt als «Port-Hauptstadt» Südafrikas, weitgehend dank der alteingesessenen Familie Nel mit ihren Weingütern Boplaas und Die Krans. Sie pflanzte als eine der ersten am Kap gegen Ende der 1980er Jahre die feinste portugiesische Portweintraube, Touriga Nacional, neben der vorherrschenden Tinta Barroca sowie der weniger häufigen Souzão. Carl Nel von Boplaas hält auch an der Idee fest, an der Mossel Bay im äußersten Osten der traditionellen Weinbaugebiete die Klassiker Sauvignon Blanc, Riesling und Chardonnay zu kultivieren, bislang jedoch mit bescheidenem Erfolg. Diese Gegend grenzt an Regionen mit Sommerniederschlag, es ist dort aber kühler als in Calitzdorp.

Olifants River

Die Gluthitze im Sommer macht die Gegend um den Olifants River zum Massenwein- und Tafeltraubenparadies. Die Winter sind hier meist mild. Dem Breitengrad nach entspricht der Olifants River in der nördlichen Hemisphäre etwa der Mitte Marokkos, während das nicht weit entfernte Paarl auf 33,4° südlicher Breite eine ähnliche Lage einnimmt wie Jerez in Spanien auf der nördlichen Halbkugel.

Die sengende Hitze erfordert Bewässerung, ja Überflutung der fruchtbaren roten Erde und des Siltbodens am Fluß; das bedeutet für den Weinbau enorme Erträge von 30–40 t/ha.

Hier steht die Genossenschaftskellerei Vredendal, die größte Südafrikas – 1996 verarbeitete sie fast 60 000 t Trauben. Selbst die Einkäufer ausländischer Supermärkte staunen über die endlosen Reihen von gigantischen Edelstahltanks, die meisten gefüllt mit sauberem, trockenem Weißwein, vorwiegend Colombard und Chenin Blanc. Ab und zu wird mit Chardonnay (aus einer Lage an der Küste bei Koekenap) und Ruby Cabernet (einer Züchtung Cabernet Sauvignon x Carignan) experimentiert. Trotz aller ungünstigen Voraussetzungen hat sich die Region mit ihren früh trinkbaren leichten, trockenen Weißweinen auf Exportmärkten durchgesetzt.

△
Die mächtige Genossenschaftskellerei Vredendal, die größte in Südafrika, kann täglich 2000 Tonnen Trauben verarbeiten.

Empfehlenswerte Erzeuger

Stellenbosch

Bredell Wines – Fülliger, hochkonzentrierter «Port» von Souzão und Tinta Barroca. Ein vorbildlicher Kapwein; er wächst auf kargem, sandigem Lehmboden an ertragsbeschränkten Buschreben an der Küste der False Bay.

Grangehurst – Kleiner Betrieb ohne eigenen Weinbergbesitz, auf Rotwein von Lesegut aus der Gegend von Helderberg spezialisiert. Kellermeister Walker bringt füllige, aber feste Frucht nach sorgfältigem Eichenfaßausbau als exzellenten Cabernet Sauvignon und Pinotage in die Flasche.

Jordan Vineyards – Das in den USA ausgebildete Ehepaar Jordan produziert Chardonnay und Sauvignon Blanc der Weltklasse sowie gute Cabernets. Ein relativ neues, aber gut eingelebtes Weingut in hoher, maritimen Einflüssen ausgesetzter Lage.

Kanonkop Estate – Im ganzen Land hoch angesehener Cabernet Sauvignon und Verschnitt auf Cabernet-Basis Marke Paul Sauer. Ferner bis vor kurzem anerkannter Spitzenreiter bei eichenwürzigem Pinotage, den Kellermeister Truter in größerem Umfang auch für den Schwesterbetrieb Beyerskloof von zugekauftem Lesegut aus Stellenbosch produziert.

Meerlust Estate – Legendärer Name am Kap – nach acht Generationen noch immer im Besitz der Familie Myburgh – und hält sich gegen schärfste Konkurrenz. Dalla Cia, der einzige italienische Kellermeister Südafrikas, vermeidet zuviel fruchtige Gefälligkeit bei Rotwein und bleibt trockenen Klassikern treu. Seit 1995 gehört ein ausdrucksvoller Chardonnay zum Programm, der 16 Monate in stark angerösteten neuen Eichenfässern liegt. Eigene Grappaproduktion.

Mulderbosch Vineyards – Aus dem Stand seit 1991 zu einem Spitzenerzeuger von Sauvignon Blanc in Südafrika: Kellermeister Dobrovic wurde in Neuseeland zum Fan des dortigen Stils. Er produziert ferner eine sanft eichenwürzige Version (Blanc Fumé), einen feinen, milden Verschnitt nach Bordeaux-Art namens Faithful Hound sowie einen noch raren trockenen, im Eichenfaß ausgebauten Chenin Blanc.

Neil Ellis Wines – Ohne eigenen Weinbergbesitz arbeitet Neil Ellis seit Mitte der 1980er Jahre bahnbrechend mit Lesegut von bis zu 15 über das ganze Kap verstreuten Anbauern. In seiner Kellerei Jonkershoek Valley in Stellenbosch produziert er unter eigenem Namen stets interessanten, intensiven Cabernet, oft hervorragenden Sauvignon Blanc und faßgereiften Chardonnay.

Rustenberg Estate – Durch Rotwein berühmtes altes kapholländisches, jetzt völlig neugestaltetes Gut; die Kellertechnik besorgt ein junger Neuseeländer mit Sinn für saubere, moderne fruchtige Weißweine und ausgewogene Cabernets.

Saxenburg Wines – Das erst in den 1990er Jahren aus dem Nichts wiedererstandene Weingut in Schweizer Besitz produziert einen feinen, intensiv würzigen, in amerikanischer Eiche ausgebauten Kap-Shiraz. Inzwischen sind noch weitere Weine hinzugekommen, u. a. Sauvignon Blanc, Chardonnay, Pinotage und Cabernet Sauvignon. Fruchtintensität ist seit eh und je, Gleichgewicht und Finesse immer mehr ein Merkmal.

Simonsig Estate – Einer der führenden Allround-Weinbaubetriebe Südafrikas produziert von Lesegut aus den familieneigenen Weinbergen in Stellenbosch achtbare Weine für ein Programm mit über 20 Etiketten; besonders populär sind Shiraz, Pinotage, Cabernet Sauvignon, Chardonnay sowie liebliche Dessertweine der mittleren Preisklasse, u. a. ein erstklassiger Gewürztraminer.

Stellenzicht Vineyards – Üppig ausgestattete Kellerei, neubestockte Weinberge. Kellermeister Van Rensburg, seit 1993 hier in Funktion, hat der Marke mit einem hochfeinen, tiefgründigen Stellenzicht Syrah und einem pikanten, frischen Sauvignon Blanc zu Ruhm verholfen. Die edelsüßen Weine (Sauvignon und Riesling) auch aus dem Schwestergut Neethlingshof sind unbestrittene Champions.

Thelema Mountain Vineyards – Einer der heißesten Tips unter den Erzeugerbetrieben der neuen Welle am Kap: markante, süß minzeduftige, zugängliche Cabernets und Merlots in modernem Stil aus hohen Lagen am Simonsberg; der Schwerpunkt liegt auf reifem Tannin, Geschmeidigkeit, komplexer Frucht und sorgfältigem Eichenfaßausbau. Außerdem stets feiner, fruchtiger Sauvignon Blanc und voller, faßvergorener Chardonnay.

Vergelegen Wines – Neu aufgebautes historisches Gut mit einer nach französischen Entwürfen drei Stockwerke tief in einen Berg hineingebauten Kellerei, in der alle Bewegungen des Weins durch Schwerkraft erfolgen. Neue Bestände an Merlot, Chardonnay und Sauvignon Blanc erbringen inzwischen hervorragenden Wein. Der weitgereiste Kellermeister Meinert hält enge Verbindungen mit Frankreich, u. a. mit Château Lafite.

Warwick Estate – Köstlicher, komplexer, untypisch feiner Pinotage steht seit 1995 auf dem Programm des gebürtigen Kanadiers Ratcliffe, das Rotweine im Bordeaux-Stil, aber auch sortenreinen Cabernet Franc enthält. Die Spitze bildet der eichenfaßgereifte Trilogy – Cabernet Sauvignon und Franc mit Merlot.

Yonder Hill Wines – Kultbetrieb mit winzigen Mengen an bahnbrechendem Merlot aus eigenen Weinbergen bei Helderberg an der False Bay, das als Unterbereich von Stellenbosch zunehmend Ansehen gewinnt.

Zonnebloem – Das überall anzutreffende Programm der gehobenen Preisklasse aus der großen Stellenbosch Farmers' Winery bietet etwas glanzlose, aber zuverlässige, ausgewogene Rotweine, u. a. Merlot, Shiraz, Pinotage, Cabernet Sauvignon; ferner frische trockene Weißweine, u. a. Sauvignon Blanc, sowie preiswerte Chenin-Blanc/Colombard-Verschnitte.

Constantia

Buitenverwachting Wines – In deutschem Besitz; wie das benachbarte Klein Constantia ein Musterweingut mit seit Mitte der 1980er Jahre neubestockten Weinbergen in besten Lagen; hervorragender Cabernet Sauvignon und ein Merlot-Verschnitt namens Christine. Stets zur Spitzenklasse zählender, pikant stachelbeerfruchtiger, kräftiger, schön ausgewogener Sauvignon Blanc sowie delikater Riesling.

Groot Constantia Estate – Das um 1680 entstandene Prunkstück Südafrikas hat die kürzliche Renaissance (außer mit dem hochangesehenen Cabernet/Merlot-Verschnitt Gouverneurs Reserve) weitgehend verpaßt, zeigt jetzt aber mit Sauvignon Blanc und Chardonnay Perspektiven. Der Touristenstrom verlangte ein Angebot unterschiedlichster Weinstile; dadurch wurde in Keller und Weinberg bislang die Qualität beeinträchtigt; nun aber ist Besserung in Sicht.

Klein Constantia Estate – Seit Mitte der 1980er Jahre ein Star in Südafrika. Die mustergültige moderne Kellerei verarbeitet Frucht aus tadellos angelegten und gepflegten Weinbergen in durch Gebirge und Meer gemäßigtem Klima. Der in Neuseeland geschulte Ross Gower bringt eindrucksvolle, an Feigen und Spargel erinnernde Sauvignon Blanc hervor; ein üppiger Dessertwein von Muscat de Frontignan läßt den im vorigen Jahrhundert berühmten Constantia wieder aufleben. Neu im Programm ein überzeugender Pinot Noir.

Durbanville

Altydgedacht Estate – Bekannt durch den einzigen Barbera (italienische Rotweinrebsorte) Südafrikas, aber auch durch einen starkduftigen trockenen Gewürztraminer und einen vollreifen, bananenfruchtigen Pinotage, alles aus der Hand der traditionsbewußten, standhaften Familie Parker in einem am Nordrand des ständig wachsenden Kapstadt eingeschlossenen kleinen Betrieb.

Walker Bay

Bouchard-Finlayson Wines – Erstes, noch kleines südafrikanisch-französisches Gemeinschaftsunternehmen, eingefädelt von Peter Finlayson, einem großen Burgundverehrer; erhält für feine, kernige Chardonnays aus weit verstreuten Lagen allgemeinen Beifall und zurückhaltenderen für erste Versuche mit neuen Pinot-Noir-Klonen – eher vollmundige, tanninherbe, kräftige anstatt zarte, delikate Weine.

Hamilton Russell Vineyards – Dieses Weingut war in den 1980er Jahren das erste am Kap, das bei Chardonnay und Pinot Noir mehr als nur flüchtige Bekanntschaft mit dem Stil von Burgund verriet, und zwar in der damals über die Schulter angesehenen Gegend von Hermanus an der Walker Bay. Fruchtbetontere Pinot-Noir-Klone bringen jetzt Verbesserungen gegenüber früheren Jahrgängen, und der Chardonnay hat sich als Bannerträger für Südafrika durchgesetzt. Auch guter Sauvignon und Pinotage – empfehlenswert die Marke Southern Right.

Franschhoek

Bellingham Wines – Hinter viel Durchschnittsware verbergen sich einige gute neuere Weine von Sauvignon Blanc, Chardonnay sowie interessante trockene Weißweinverschnitte – Sauvignon Blanc/Chardonnay (Sauvenay) und Cabernet Franc/Shiraz von dem dedizierten jungen Kellermeister Charles Hopkins, der besonders empfänglich für Ideen seiner Konkurrenten in der Neuen Welt ist.

Boschendal Estate – Guter Brut-Schaumwein nach dem Champagnerverfahren und ein brei-

△ *Neil Ellis, Kellermeister des fünftgrößten Weinbaubetriebs der Welt in Stellenbosch, zu dem die Marken Nederburg und Zonnebloem gehören.*

tes Programm an sauberen Qualitätsweinen; im Besitz der Anglo-American Corporation, dem reichsten Bergwerkskonzern Südafrikas. Die neu angelegten Rotweinrebenbestände befinden sich in vielversprechenden, ausgedehnten Ländereien mit verschiedenen Klima- und Bodenverhältnissen. Die Produktion überschreitet bereits 300000 Kisten im Jahr.
Cabrière Estate – Seit 1984 spezialisiert sich das Weingut auf extratrockenen Schaumwein nach dem Champagnerverfahren von Chardonnay und Pinot Noir. Seit 1994 produziert es eine dramatisch verbesserte Version von einem neuen Pinot-Noir-Klon in Dichtpflanzung; bestätigt wird die Qualität durch einen geschmeidigen, ausgewogenen 1996er.
La Motte Estate – Von meist leichtem, steinigem Sandboden produziert das Gut feinen, würzigen Shiraz und einen überzeugenden Verschnitt im Bordeaux-Stil von Cabernet Sauvignon und Merlot sowie einen hervorragenden Sauvignon Blanc, eine der wenigen eindrucksvollen Versionen mit Eichenton vom Kap.
L'Ormarins Estate – Der vollmundige, faßgereifte Cabernet-Sauvignon/Merlot/Cabernet-Franc-Verschnitt Optima gehört zu den besten vom Kap; außerdem wuchtiger Chardonnay und eichenfaßgereifter Sauvignon aus besten Hanglagen und einer High-Tech-Kellerei. Schmucke Probierstube für Besucher.

Paarl

Backsberg Estate – Etabliertes Familiengut, seit Beginn der 1980er Jahre als Pionier für moderne Methoden tätig (insbesondere in der Weinbergpflege mit amerikanischen Beratern); führender Erzeuger von sauberem Chardonnay, Cabernet, Pinotage, verschiedenen Dessertweinen, v. a. Chenin Blanc, und rarem Malbec zu günstigen Preisen. Als erster Produzent eigener Brandys arbeitete der Betrieb nach dem Cognac-Rezept mit einer Brennanlage französischer Konstruktion und mit Faßalterung.
De Leeuwenjagt Wines – Vielversprechender Betrieb mit modernem Cabernet/Merlot-Verschnitt der milderen Art, vollmundigem, geschmeidigem, zitronenfruchtigem Chardonnay (1996) und öligem, gehaltvollem Cape Riesling (Crouchen Blanc).
Fairview Estate – Charles Back, als der abenteuerlustigste Kellermeister am Kap bekannt, produziert ein ausgewähltes Programm an Markenweinen, v. a. ausnehmend guten Shiraz und feinen Pinotage, das sich durch entgegenkommende, süffige Art bei günstigem Preis auszeichnet. Back hat ein ebenso waches Auge auf seine Weinberge wie auf die Trends am Weltmarkt.
Glen Carlou – Fester, kräftiger trockener Chardonnay hat den Finlaysons internationales Ansehen und 1996 eine Beteiligung durch Donald Hess von The Hess Collection im Napa Valley eingetragen. Markanter Cabernet, Merlot und für die warme, trockene Anbaugegend erstaunlich fruchtiger Pinot Noir.
KWV – Die Weine des riesigen kapländischen Winzerverbands sind in den unteren und mittleren Rängen meist anspruchslos, manchmal nichtssagend, zeigen aber neuerdings in besseren Versionen wie Cathedral Cellar mehr Ausgewogenheit und sogar eine gewisse Eichennote.
Nederburg Wines – Das größte unabhängige (nicht einer Genossenschaft angeschlossene) Weingut am Kap bezieht Lesegut aus ganz Paarl und Stellenbosch und produziert unprätentiöse Weine in allen Stilen und Qualitätsklassen oft zu günstigen Preisen.
Plaisir de Merle – Wohl nirgendwo sonst in Südafrika gibt es einen geschmeidigeren Cabernet Sauvignon (mit einem Schuß Merlot), der fülligere Frucht und seit seiner Einführung 1993 reiferes, milderes Tannin aufweisen könnte. Inzwischen wird auch ein Merlot produziert. Paul Pontallier von Château Margaux fungiert hier als Berater, seitdem Weinberge und Keller nach 1990 völlig neu gestaltet wurden.
Sonop Wines – Vertrieb unter der Marke Cape Levant; erstklassiger pflaumenwürziger, reifer Pinotage und dichter minze- und beerenduftiger Cabernet. Der neue Schweizer Besitzer legt den Schwerpunkt auf Export. Ferner ein volles Programm unter dem Etikett Cape Soleil, u. a. Chenin Blanc, Merlot und guter Pinotage.
Veenwouden – Hochmodischer Weinbaubetrieb des internationalen Tenors Deon van der Walt. Die von Anfang an vielversprechenden Cabernet/Merlot-Verschnitte dürften dank Beratung durch Michel Rolland aus Pomerol ab 1996 mehr Stil annehmen.
Villiera Estate Unternehmungsfreudiger Familienbetrieb, seit einem Jahrzehnt mit großen Erfolgen auf breiter Front. Bemerkenswert: ein Brut-Schaumwein nach der Champagnermethode, ein hochwertiger Sauvignon Blanc von ertragsschwachen Buschreben sowie ein süffiger Merlot und ein Cabernet/Merlot-Verschnitt. Das Haus hat enge Beziehungen zu Winzern in der Champagne geknüpft. Günstige Preise.

Welgemeend Estate – Rotweinerzeugerbetrieb im Boutiqueformat, spezialisiert auf einen zugänglichen, eleganten Verschnitt im Bordeaux-Stil und einen gewichtigeren Wein auf Malbec-Basis (mit Cabernet, Merlot und Petit Verdot), beide mit Faßausbau.

Wellington

Claridge Wines – Der etwas exzentrische Betrieb im Boutiqueformat wurde seit 1991 von dem Engländer Roger Jorgensen auf recht unkonventionelle Weise aufgebaut. Er produziert einen schweren Chardonnay mit starkem Eichenton und einen Rotwein von Cabernet Sauvignon und Merlot namens Wellington mit ausgeprägt tanninreicher Substanz aus warmem Klima, der unterhalb vom Bains Pass wächst.

Swartland

Swartland Co-operative Winery – Vielseitige Auswahl aus dem heißen Weizenanbaugebiet des Kaplands mit unprätentiös kräftigen, fülligen Weinen in großen Mengen. Der Pinotage ist ein typischer, dicklicher südafrikanischer Rotwein. Die preisgünstigen trockenen bis süßen Weißweine beruhen auf Chenin Blanc und sind in der Jugend oft wunderbar fruchtig, lassen jedoch bald nach.

Tulbagh

Twee Jonge Gezellen Estate – Traditionelles Kapweingut mit großer Auswahl an halbtrockenen Weinen sowie Dessertweinen auf Muscat-Basis. Inzwischen umfaßt das Programm auch ausgezeichneten Brut-Schaumwein nach dem Champagnerverfahren, je zur Hälfte von Chardonnay und Pinot Noir; seit 1995 besteht eine Partnerschaft mit dem Champagnerhaus Mumm. In besonderen Jahren bringt das Gut auch einen hervorragenden edelsüßen Dessertwein von mehreren Weißweintraubensorten hervor.

Worcester

Nuy Co-operative Winery – Die Genossenschaft mit nur 25 Mitgliedern gehört zu den kleineren in Südafrika; sie hat sich vor kurzem als erste für eine rigorose Umstellung von den traditionellen Massenträgersorten auf die modernen Klassiker Chardonnay, Sauvignon Blanc, Cabernet Sauvignon und Merlot entschieden. Bisher hatte sie nur Tischweine von Nicht-Vinifera-Sorten abgefüllt, z.B. von der überaus aromatischen Ferdinand de Lesseps unter dem Namen Chant de Nuy. Ferner produziert sie mit die besten Muscadels in Rot und Weiß und in guten Jahren einen rassigen, guavaduftigen Weißwein von Colombard.

Robertson

Bon Courage Estate – Es lohnt sich, bei der Kellerei an der Straße anzuhalten: günstige Preise und große Auswahl – von hefigem, lebendigem trockenem Schaumwein auf Chardonnay- und Pinot-Noir-Basis in Flaschengärung (Jacques Bruère Brut) bis hin zu zwei üppigen Dessertweinen, einem Gewürztraminer und einem alkoholangereicherten Muscadel. Ferner Experimente, so ein Colombard/Chardonnay-Verschnitt, sowie Konsumwein.

De Wetshof Estate – Fünf Chardonnays, von leicht eichenwürzig bis stark toastwürzig von Danie de Wet, einem Sprecher des Distrikts in allen Dingen. Er führte Ende der 1970er Jahre als erster in der Region sortenreinen Chardonnay, Sauvignon Blanc und Riesling ein.

Graham Beck Winery (auch Madeba) – Aus dieser futuristischen, aufwendig ausgestatteten Kellerei mit umfangreichen Faßbauexperimenten kommen angesehene Chardonnays und ein Blanc de Blancs in Flaschengärung (Chardonnay). Der kalkreiche Boden erweist sich in der trockenen, warmen Gegend als hilfreich. Der erste echte lebendige Sauvignon Blanc aus der Region Robertson (1996).

Springfield Estate – Für die heiße, dürre Gegend erstaunlich guter, geschmacksintensiver Cabernet Sauvignon mit schönem Eichenton und fester Struktur. Auch populärer Sauvignon Blanc.

Zandvliet Estate – Das früher für Shiraz in variabler Qualität aus heißem Klima bekannte Gut bringt inzwischen (seit 1995/96) überzeugenden, limonenfruchtigen, hefigen Chardonnay hervor. Die Rotweine werden immer besser.

Klein Karoo

Die Krans and Boplaas Estate – Zwei nebeneinander gelegene Weingüter, geführt von zwei Zweigen der Familie Nel (Cousins), beide sind auf «Vintage Port» spezialisiert, wobei neuerdings neben der üblichen Tinta Barroca auch Touriga Nacional verarbeitet wird. Die heiße Gegend mit fetten Schwemmlandböden bringt dunkle, süße, volle Weine hervor. Enge Beziehungen zur Familie Symington in Porto.

△

Die hochmodischen Thelema Mountain Vineyards in Stellenbosch verdanken Gyles Webb ihren Qualitätsstand.

Nordamerika

TRAUBEN WACHSEN IN NORDAMERIKA SEIT URZEITEN – die Wikinger sprachen von «Vinland», und wäre Kolumbus an der Küste Floridas gelandet und nicht auf einer Insel weit draußen, dann hätte er massenweise dumpfig-süße Scuppernong-Trauben vorgefunden. Von solchen Trauben gewannen die ersten Siedler Wein, der aber recht gräßlich gewesen sein muß, denn Lord Delaware sah sich 1619 veranlaßt, Weinreben und Winzer aus Frankreich nach Virginia zu holen. Sein Versuch war der erste von vielen Fehlschlägen, und der Osten der USA und Kanada mußten sich weiterhin mit einheimischen Rebsorten oder Kreuzungen zwischen Amerikaner und Europäer Reben behelfen.

Nach Kalifornien brachten spanische Missionare 1769 Samen und Stecklinge einer zwar mittelmäßigen, aber doch genießbaren europäischen Rebsorte. In den 1830er Jahren pflanzten dann französische Siedler mit Erfolg europäische Reben in größerem Maßstab – die Fundamente des amerikanischen Weinbaus waren gelegt.

▽

Nach schweren Rückschlägen durch Reblaus und Prohibition blüht und gedeiht der Weinbau Kaliforniens nun wieder.

Der Goldrausch von 1849 lockte in knapp 10 Jahren Hunderttausende aus Europa nach Nordkalifornien. Viele von ihnen kannten sich im Weinbau so gut aus, daß bereits 1856 kalifornischer Wein nach England, Deutschland, Rußland, Australien und China exportiert wurde. 1869 erschloß die transkontinentale Eisenbahn den Osten der USA als Markt.

Fast gleichzeitig mit diesem Erfolg wuchs auch eine Plage heran: die Prohibition, eine fanatische Mäßigkeitsbewegung, die schließlich ganz Nordamerika erfaßte. Kanada wurde 1917 «trockengelegt», die USA folgten 1920. Herstellung und Vertrieb von Wein wurden beschränkt und der Weinbau dadurch gelähmt. Die lange Unterbrechung (10 Jahre in Kanada, 13 in den USA) ließ auch eine Generation heranwachsen, die von Geschichte, Tradition und Geschmack des Weins keinen rechten Begriff mehr hatte. Die Auswirkungen hielten lange an; erst in den 1950er Jahren kam der moderne Weinbau in den USA in Schwung.

Heute wird Wein in über 40 der 50 US-Staaten – sogar in Hawaii und Texas – sowie in mehreren Provinzen Kanadas erzeugt. Führend im Weinbau der USA sind Kalifornien, Washington, Oregon und New York.

Der Weinbau in den oberflächlich zum «Nordwesten» zusammengefaßten Staaten Washington und Oregon folgte etwa demselben Schema wie im Osten der USA; weil dort die europäischen Rebsorten versagt hatten, wurde im 19. Jahrhundert meist angenommen, daß es ihnen im Westen nicht anders ergehen würde.

Der moderne Weinbau Oregons wurde von drei Einzelgängern ins Leben gerufen: Richard Sommer wollte großen Riesling erzeugen und zog des kühleren Klimas wegen nach Oregon, David Lett war versessen auf Pinot Noir und Elsässer Rebsorten, Dick Erath hatte von Sommer Trauben gekauft und als Hobby Wein daraus bereitet, und weil der ihm so gut gelang, ging er nach Oregon, um die Sache professionell zu betreiben. So begann es in den 1960er und 70er Jahren, dann aber kamen weitere auf Pinot Noir eingeschworene Weinerzeuger dazu und verliehen dem Weinbau Gestalt. In Washington setzten, als dort 1969 endlich die Prohibition abgeschafft wurde, eine Gruppe von Hobbywinzern und ein Weinbaubetrieb in der Hoffnung, feinen Wein zu erzeugen, auf europäische Rebsorten – ein ungewisser Start, aus dem inzwischen ein hochentwickelter Weinbau geworden ist.

Kalifornien beherrscht die Weinszene in Amerika; von dort kommen 7 von 10 in den USA verkauften Flaschen Wein. Da der Weinbau von vornherein auf europäischen Reben fußte, gab es dort keine Umwege – vielmehr bald einen Überfluß an Trauben und Wein, bis die Reblaus in den 1880er Jahren alles zunichte machte und dann die Prohibition in den 1920er Jahren erneut die Weichen falsch stellte. Der Weinbau kam dann zwar rasch wieder auf die Füße, mußte aber lange auf das Publikum warten. Erst 1968 begann der Tischwein die aufgespriteten Weine zu überflügeln, und nun brachten Weinbaubetriebe der neuen Welle den feinen Wein voran.

1978 wurde ein staatliches Appellationssystem für den US-amerikanischen Wein geschaffen: Im Vergleich mit europäischen Systemen dieser Art wirkt es zwar nur rudimentär, es hat aber allgemeine Verbesserungen gebracht. Es handelt sich um die als «bestimmte, durch geographische Merkmale geprägte Anbaugebiete» definierten American Viticultural Areas (AVA), an die aber keine Qualitätsdefinitionen geknüpft sind. Die Weinbaubetriebe selbst entscheiden nach Bodenarten, topographischen, historischen oder politischen Gegebenheiten über die Gebietsgrenzen.

Das System besteht im Grund aus einer Folge immer engerer Eingrenzungen: Im Osten und Mittelwesten, wo sich das Klima nicht an politische Grenzen binden läßt, gibt es auch staatenübergreifende Appellationen und in anderen Gegenden weitgefaßte AVAs wie etwa North Coast oder Columbia Valley; einzelne Countys wie Sonoma oder Santa Barbara können AVAs sein und innerhalb dieser wiederum einzelne Berge oder Täler. Entsprechend bezeichnete Weine müssen mindestens zu 85 % aus Trauben bestehen, die in dem genannten Gebiet gewachsen sind. Steht auf dem Etikett eine bestimmte Lage, z. B. Bien Nacido Vineyard, dann müssen 95 % der Trauben aus dieser stammen. Wie schon gesagt, ist eine Qualitätsgarantie damit nicht verbunden, doch wurde ganz generell die Einstellung zur Weinerzeugung in den USA auf ein höheres Niveau gehoben.

△
Das kühle Klima Oregons eignet sich ideal für den Anbau der wegen ihrer Launen berüchtigten Burgundertraube Pinot Noir.

Kalifornien

Kalifornien blickt zurück auf über 200 Jahre einer faszinierenden Weinbaugeschichte mit viel Auf und Ab in einer unwiederbringlich veränderten Landschaft und mit einer bunten Reihe origineller Gestalten, die hier ihr Glück gemacht und wieder verloren haben – auf ein Epos des Unternehmergeistes voller Romantik und Idealismus. Eine große Geschichte, und was heute geschieht, ist eindeutig ihre Fortsetzung, auch wenn der moderne Weinbau in Kalifornien etwas Neues ist.

Der Bundesstaat Kalifornien ist größer als Italien und hat unterschiedlichere Boden- und Klimaverhältnisse als irgendein anderes Weinbauland der Erde. Heute gibt es hier über 800 Weinbaubetriebe und Weinerzeuger; sie produzieren Wein von Rebsorten aus Frankreich, Italien, Deutschland und Spanien sowie von mehreren Neuzüchtungen.

Früher hätte man die kalifornische Weinpalette als recht wildes, buntes Gemisch aus viel Hoffnung und ein wenig Glorie bezeichnen können. Heute ist Kalifornien gespalten zwischen dem Idealbild eines feinen Weins, in dem sich Tradition und Technik vereinen, um einen sehr hohen Qualitätsstand zu gewährleisten, und einer vom Markt bestimmten Ware, bestehend aus sauberen, ordentlichen Weinen, die ein gutes Preis/Leistungs-Verhältnis bieten. Sie sind gelegentlich nichts als zuverlässige Durchschnittsware, oft aber ihren europäischen Pendants ein gutes Stück voraus.

Kalifornien ist in ganz bestimmte Gebiete eingeteilt, die sich für ihre besseren Weine eine Identität und hohen Qualitätsstand, in manchen Fällen sogar einen echten Stil geschaffen haben. Nur manche offiziell anerkannte American Viticultural Areas werden hier genannt, denn einige sind bislang nicht wirklich relevant, sondern nur Ausdruck politischer Verheißung. Eines muß man freilich beachten: Weine mit der Bezeichnung «California» sind meist Verschnitte aus mehreren Gebieten oder stammen nicht aus dem Gebiet, in dem der Betrieb beheimatet ist, der sie auf den Markt bringt. Dabei können sie durchaus preis- und empfehlenswert sein.

Carneros

Noch vor 10 Jahren war Carneros eine wenig beachtete Landschaft auf dem Weg zu den großen Weinbaugebieten Napa und Sonoma, ein amorphes Hügelland, überzogen mit fast immer gelbbraunem Gras. Es wäre kaum einem Beobachter eingefallen zu glauben, daß diese Gegend eigene Konturen, geschweige denn einen Charakter, haben könne, die sich in etwas so Elegantes wie Wein umsetzen ließen.

Heute ist der Distrikt Carneros völlig verwandelt und eine der bekanntesten Weinbauregionen Kaliforniens. Ihren Daseinszweck verkünden die bis an den Rand der Straßen aufmarschierten Rebzeilen, die den Hügeln Struktur und Farbe verleihen. Nun hat dieses Land seine Identität.

Es liegt an der alten Postkutschenroute von Sonoma nach Napa, dem Highway 12/121, dort wo das Mayacama-Gebirge zur San Pablo Bay, dem oberen Stück der San Francisco Bay, abfällt. Carneros ist stärker in sich geschlossen als die meisten anderen Weinbaugebiete. Über 80% des Rebsortenbestands entfallen auf Chardonnay und Pinot Noir; der flachgründige Boden ist karg, und die Niederschläge sind günstigstenfalls spärlich. Das führt zu stets niedrigen Erträgen. Das Gebiet fällt in die kühlste Stufe des Wärmesummensystems der University of California, und seine Grenzen sind von der Topographie und nicht von der Politik gezogen. Das manchmal kaum faßbare Konzept des Terroir ist hier lebendig.

Lange Zeit gingen die Trauben und Weine aus Carneros anderswo in Verschnitte ein; erst 1969 wurde das anders, als Buena Vista in Sichtweite der San Pablo Bay Reben pflanzte und die Familie Sangiacomo ihren heute so berühmten Weinberg anlegte. Die 1960 angesetzte Lage Winery Lake, die als eine der ersten auf Etiketten erschien, wurde bekannter als mancher Weinbaubetrieb, der ihre Trauben verarbeitete. Die Carneros Creek Winery ließ den spanischen Namen von 1836 wiederaufleben, «Rancho El Rincon de los Carneros» – ein Stück Land für Schafe.

In einer weiteren Welle entstanden Weinbaubetriebe wie Acacia, Bouchaine, Saintsbury rechtzeitig für den Beginn der Appellationsbestrebungen in den 1980er Jahren. 1983 wurde dann die Appellation Carneros als eine der ersten in Kalifornien

△
Weinberge in Carneros liefern die Trauben für Schaumweine von Codorníu, dem kalifornischen Zweig des berühmten spanischen Cava-Herstellers.

genehmigt: sie liegt zum Teil im Napa County, zum Teil im Sonoma County. Bald darauf wurde der Pinot Noir aus Carneros am Önologischen Institut der University of California einer Vergleichsprüfung mit Weinen aus Napa und Sonoma unterzogen. Die statistische Analyse zeigte, daß die Carneros-Weine eng um bestimmte Geschmacksnoten gruppiert sind, während sich die anderen weit über das ganze Spektrum verbreiten. Der Abschlußbericht sprach von einem eindeutigen Carnernos-Stil des Pinot Noir mit «generell ausgeprägten Aromen von frischen Beeren, Beerenkonfitüre, Kirschen und Gewürzen» bei klarer und «einzigartiger» Verwandtschaft zwischen den Geschmackskomponenten.

Alles das überstrahlte den gleichzeitig eingetretenen Erfolg des Carneros Chardonnay; einige schlanke, rassige Weine dieser Sorte zeigten dieselbe Geschmacksintensität und Kühlklimafrische und waren schuld daran, daß im Boom von 1987/1988 zahlreiche Weinbaubetriebe in die Region gelockt wurden: Clos du Val, Robert Mondavi, Shafer, Cuvaison und andere; die Expansion geht noch immer weiter.

Auch Schaumwein fand eine Heimat in Carneros und erfuhr bald enthusiastische Aufnahme, wobei die Region ein gewisses internationales Gepräge bekam. Die Domaine Chandon und die Domaine Mumm besitzen hier ausgedehnte Ländereien, und die Domaine Carneros, Gloria Ferrer und Codorníu Napa haben Kellereien errichtet, deren Pracht der Eleganz ihrer Erzeugnisse gerecht wird.

Sonoma

Der Weinbau nördlich von San Francisco nahm im Sonoma County seinen eigentlichen Anfang. Es hat eine bewegte Geschichte: Hier siedelten zunächst Russen, die es den Spaniern streitig machten, und schließlich ging es an Mexiko über, als die Spanier ihren Traum von einem Imperium aufgaben. Nach Scharmützeln mit Indianern erklärte sich Sonoma zur Republik, als 1846 Krieg zwischen den USA und Mexiko ausbrach. Damals gab es hier schon einen blühenden Weinbau.

Die meisten Weinberge liegen in der Nähe der Küste, wo das Klima die stärksten Probleme macht. Dabei spielt der kalte Nebel eine Rolle, der den größten Teil des Jahres über draußen auf dem Pazifik liegt, aber auch die niedrigen Berge und Hügel an der Küste und die San Francisco Bay einhüllt, die den Nebel hereinsaugen hilft, wenn die Hitze in den Tälern drinnen den Luftdruck sinken läßt. Dieser Nebel, der im August San Francisco vor Kälte schauern läßt, ist für die Trauben eine optimale Klimaanlage. In Sonoma kann man an Sommernachmittagen zusehen, wie der Nebel so unaufhaltsam und majestätisch heranrollt wie eine Lawine.

Der Russian River, der das Sonoma County zum großen Teil durchströmt, bringt weitere Klimakomplikationen mit sich. Das Gebiet mit seinen Tälern und Nischen hat so viele ineinander verschachtelte Appellationen und Subappellationen wie kein zweites. Hier sollen die wichtigsten von Süden nach Norden besprochen werden.

△
Sonoma aus der Vogelschau. Das Weinbaugebiet hat mehr Appellationen und Subappellationen als jedes andere in Kalifornien.

Sonoma Valley

Das Sonoma Valley ist klar definiert; es verläuft 65 km weit von der San Pablo Bay aus über Carneros zur Stadt Sonoma und dann in einer vom Highway 12 beschriebenen Nordwestkurve fast bis Santa Rosa. Dank der Nähe zu San Francisco am unteren und zu Santa Rosa am oberen Ende haben sich hier viele Pendler niedergelassen, und deshalb steht der Weinbau auf dem Kriegsfuß mit dem Wohnungsbau; an vielen Stellen hat die Baulanderschließung von besten Weinberglagen Besitz ergriffen, und so ist im County die Rebfläche in letzter Zeit etwas zurückgegangen. Das Tal ist auch als Valley of the Moon bekannt, ein Name, den sein berühmtester Bewohner Jack London populär gemacht hat.

Hier nahm der seriöse Weinbau in Nordkalifornien seinen Anfang, und in den 150 Jahre alten Lagen gedeiht noch immer Wein. Natürlich hat es Störungen gegeben, vor allem durch die Reblaus, die in den 1870er Jahren daran schuld war, daß über 400 000 Weinstöcke gerodet werden mußten. Die alte Vorherrschaft errang das Sonoma Valley nie wieder, aber nach 100 Jahren hat es doch wieder sehr an Achtung gewonnen.

Der südliche Teil des Tals ist ziemlich kühl und oft bis weit in die Sommervormittage hinein mit eisigkaltem Nebel angefüllt. Der schwere, tanninherbe Zinfandel aus diesem Gebiet ist gewiß nichts für zarte Gemüter, aber Pinot Noir und Chardonnay wirken gefälliger. Um die Stadt Sonoma wird die Landschaft höckeriger, die Hügel bieten warme Hänge, und Zinfandel und Cabernet Sauvignon fallen entgegenkommender aus. Viele Weinberge sind Hanglagen, manche nur wenige hundert Meter hohe Buckel, andere schieben sich an dicht bewaldeten Bergen empor. Hier gibt es ein bemerkenswertes Sub-AVA-Gebiet mit dem schlichten Namen Sonoma Mountain und sehr bekannten Weinbaubetrieben, v. a. Jack London Ranch, McCrea, Laurel Glen's Estate und Benziger – am berühmtesten durch feinen Cabernet Sauvignon, aber auch superben Zinfandel und Chardonnay. In der Nordostecke der Appellation liegt eingeschlossen von Wohnbaugebieten das durch Merlot, Chardonnay und Sauvignon Blanc bekannte Weingut Matanzas Creek.

Sebastiani ist der bei weitem größte Weinbaubetrieb im Sonoma Valley; es gibt auch noch einige mittelgroße, z. B. Kenwood und Chateau St. Jean, die meisten aber sind klein, so Gundlach-Bundschu, Ravenswood, Arrowood, Carmenet und Kistler. Hier wird nach wie vor viel Rotwein produziert, inzwischen aber ist Chardonnay wie an vielen anderen Orten die verbreitetste Rebsorte.

Russian River Valley

Diese Appellation liegt größtenteils westlich vom Highway 101 und Santa Rosa; nur Chalk Hill Sub-AVA – am bekanntesten durch Chardonnay aus warmen Hanglagen – bildet einen kleinen Fortsatz nach Osten. Das Tal ist eigentlich eine weite Ebene, ein früherer Seegrund mit unterschiedlichen Böden, von in Urzeiten abgesetztem Schwemmland über Flußkies bis zu Vulkanasche. An dieser Stelle schwenkt der Russian River nach Westen um und mündet schließlich in den Pazifik, dessen Nebel sich flußaufwärts über die sanften Hügel schieben und so ein sehr kühles, hervorragend für Pinot Noir und Chardonnay geeignetes Weinbauland schaffen.

Das Weinbaugebiet ist noch ziemlich neu – die Voraussetzungen sind hier weder für Menschen noch für Trauben bequem. Cabernet Sauvignon und Zinfandel gelangen im unteren Teil der Region (Sonoma-Green Valley Sub-AVA) wenn überhaupt, dann nicht gut zur Reife. Dagegen weist der Pinot Noir aus dieser Gegend markante

Kirsch- und Gewürznoten auf, und der Chardonnay fällt intensiv und rassig aus. Aufgrund des Klimas war von vornherein damit zu rechnen, daß das Traubengut zum großen Teil exzellenten Schaumwein erbringen mußte. Iron Horse hat sich mit guten Schaum- und Tischweinen einen Namen gemacht, und Marimar Torres erregte mit einem muskulösen Chardonnay und einem schlanken Pinot Noir viel Aufsehen. Weitere bekannte Weinbaubetriebe sind DeLoach und Olivet Lane; Sonoma-Cutrer ist ein angesehener Chardonnay-Spezialist.

Andere haben sich mit Russian River Pinot Noir Ansehen verschafft, u. a. Rochioli und der inzwischen legendäre winzige Betrieb Williams-Selyem, geführt von zwei Männern, die anfänglich in einer Garage auf althergebrachte Weise und in kleinen Mengen mit die besten Pinots in den USA produzierten. In der Nordhälfte des Gebiets, wo der Russian River von Norden nach Süden verläuft, werden seine Ufer von Weinbergen begleitet; hier wächst zwischen viel Pinot Noir auch vollblütiger, intensiver und üppiger Zinfandel und sogar etwas Gewürztraminer, ebenfalls eine die Kühle liebende Traubensorte. An manchen Stellen entsteht auch guter Sauvignon Blanc. Eine Besonderheit, und eine besonders schöne dazu, ist der dunkle, feste Petite Sirah von Foppiano. In Europa gedeihen diese Rebsorten kaum je nebeneinander, und warum sie es hier tun, weiß niemand, freut aber alle.

Dry Creek Valley

Das Dry Creek Valley beginnt an einem Punkt südlich von Healdsburg, wo der Dry Creek in den Russian River einmündet. Die Landschaft ist hier wilder, das Tal eng mit steilen Hängen auf der Westseite, dichten Wäldern und durchlässigem vulkanischem Boden. Hier herrscht kühles Klima. Die Gegend wurde vor über 100 Jahren größtenteils von italienischen Einwanderern besiedelt, die auf kleinen Farmen Äpfel, Pflaumen, Gemüse und Trauben anbauten. Heute liegt zwischen der Dry Creek Road und der West Dry Creek Road, die parallel zueinander das Tal entlang verlaufen, ein Weinberg neben dem anderen. Hier gibt es keine Orte, keine Bautätigkeit, nur wenig Verkehr – anders gesagt, es herrscht angenehme Stille.

△ *Der Barrique-Keller von Ferrari-Carano.*

Dies ist in erster Linie Zinfandel-Land, aber auch viel oft sehr guter Cabernet Sauvignon wächst hier und bildet angesichts seiner Popularität eine Bedrohung für den Zinfandel, obwohl der wuchtig, voll üppiger Frucht, aber fest ausfällt und eine gewisse Eleganz aufweist – einfach mustergültig. Aus dieser Gegend kommt der herrliche, aber rare Wein von Nalle, und hier findet man auch Lytton Springs, einen der ältesten Weinbaubetriebe in Sonoma, jetzt im Besitz von Ridge Vineyards. Quivira und Rafanelli auf der anderen Seite des Tals halten ebenfalls hohen Standard. Weiter im Norden liegt Pedroncelli, auch ein sehr altes Weingut, das verhalteneren, aber schmackhaften Zinfandel hervorbringt. Der Weinbaubetrieb Dry Creek Vineyards läutete 1972 hier die moderne Weinbauära ein und produziert eine ganze Reihe superber Weine, darunter natürlich auch Zinfandel.

Auch die Firma E&J Gallo hat im Dry Creek Valley das Hauptquartier für ihren wohlgepflegten, zum Teil organisch bebauten Weinbergbesitz in Sonoma eingerichtet. Der Kellereigigant bringt inzwischen eigene Marken aus verschiedenen Appellationen heraus und steigert offensichtlich sein Interesse an feinem Wein, deshalb ist ein allgemeines Urteil schwierig. Ich habe einmal einen frisch abgefüllten sortenreinen Zinfandel aus den Gallo-Weinbergen am Dry Creek verkostet – er war außerordentlich, einer der besten, die ich je probiert habe. Als er ein Jahr später auf den Markt kam, war er bei weitem nicht mehr so gut, eventuell war er irgendwie manipuliert worden. Aber den ursprünglich so wunderwollen Wein werde ich nie vergessen. Vielleicht wird er einmal wieder so gelingen.

Der Cabernet Sauvignon aus dem Dry Creek Valley ist leicht kräuterwürzig und meist lange haltbar. Vor allem Ferrari-Carano und William Wheeler haben auf diesem Gebiet Würdiges geleistet. Preston Vineyard und Duxoup im Norden gehen mit Weinen im Rhône-Stil und in rustikalem italienischem Stil eigene Wege. In den Bergen oberhalb liefert die Lage Bradford Mountain exzellenten Merlot und Cabernet Franc für mehrere Betriebe, insbesondere Ridge und Chateau Souverain.

Alexander Valley

Nordöstlich vom Dry Creek Valley zieht sich oberhalb von Healdsburg das Alexander Valley parallel zum Highway 101 etwa 20 km weit am Lauf des Russian River hin. Die kühlenden Pazifiknebel kommen nicht so weit den Fluß herauf, deshalb ist das weite, sonnendurchflutete Tal bedeutend wärmer. Der Boden besteht aus einem Gemisch von Kies, Lehm, Sand, Ton und grobem Gestein, alles herabgeschwemmt von dem Fluß, der alle paar Jahre über die Ufer tritt.

Das in den 1840er Jahren als gutes Farmland besiedelte Tal war 1880 der Ort eines einzigartigen sozialen Experiments. Ein in San Francisco lebender Bankier italienischer Herkunft richtete hier nämlich die Italian Swiss Colony als genossenschaftlichen Weinbaubetrieb für erwerbslose italienische und Schweizer Arbeiter ein. Sie erhielten Unterkunft, Verpflegung und Lohn, von dem monatlich 55 $ als Kapitalbeteiligung am Unternehmen einbehalten wurden. Nach 25 Jahren sollten sie auf diese Weise einen beträchtlichen Vermögensanteil sowie eigenen Landbesitz bekommen. Nach kurzer Zeit aber rebellierten die «Kolonisten», weil sie alles für Schwindel hielten, und verlangten volle Bezahlung anstatt Unternehmensanteilen. Der Weinbau-

△
Zinfandel ist die meistangebaute Rebsorte im Dry Creek Valley.

betrieb wurde daraufhin in eine Aktiengesellschaft umgewandelt und wuchs sich zum drittgrößten Unternehmen dieser Art in den USA aus – die Aktionäre wurden sehr reich. Inzwischen siedelten sich viele Arbeiter mit ihren Familien in der Umgebung an und gaben ihr ein ländliches italienisches Gepräge, das sich in gewissem Umfang bis heute erhalten hat.

Die Reputation des Alexander Valley beruht auf Cabernet Sauvignon, der hier besonders voll und geschmeidig, in der Jugend kräuterwürzig ausfällt. Alexander Valley Vineyards, Simi, Jordan, Clos du Bois, Estancia, Murphy-Goode, Geyser Peak und Silver Oak in Napa produzieren gute Beispiele. Einige ambitionierte Neulinge pflanzten auch Merlot für Verschnitte im Bordeaux-Stil, inzwischen aber gerät der Wein dieser Sorte so gut, daß er auch für sich abgefüllt wird. Hier und dort tritt Zinfandel schön hervor, vor allem in der Lage Geyserville, die von Ridge, aber auch von dem kleinen Weinbaubetrieb Sausal, dessen Zinfandelweine zu den besten Kaliforniens zählen, gut genutzt wird.

Chardonnay bewährt sich am Südende, er gerät voll und reichhaltig und erinnert manchmal an Butterscotch; in kühlen Jahren dagegen fällt er einfach nur breit und apfelfrisch aus. Auch spritziger Sauvignon Blanc kommt aus dem kargen Kiesboden am Fluß oft genug zustande, um Aufmerksamkeit zu erregen. Das obere Ende des Tals ist der nördlichste Punkt der USA, an dem Orangen wachsen. Die sanft gewellte Landschaft wirkt schmuck und proper – sie ist ja auch nichts anderes als ein großer Weinberg der Firma Gallo, die den Mutterboden mit großen Baggern abtragen und die Hügel nach eigenem Entwurf neu gestalten ließ. Sodann wurde der Mutterboden wieder aufgebracht und säuberlich mit Reben bestockt; bisher sind aber von dort noch keine Weine gekommen.

Napa Valley

Fährt man durch das Napa Valley und betrachtet die gepflegten Rebzeilen auf der Talsohle und an den Hängen, dann kann man dem frühen Historiker nur beipflichten, der diese Gegend einmal «ein Paradies für die Weinrebe» genannt hat. Viele

Weinbaubetriebe sind architektonische Prunkstücke. Das gilt für Robert Mondavis Komplex im Missionsstil ebenso wie für das imitierte griechische Kloster von Sterling und die Mischung von Raumschiff und Tempel der Kellerei Opus One. Es gibt hier stilvolle, teure und doch stets ausgebuchte Restaurants; in den Probierräumen drängen sich Kauflustige. Traubenanbauer und Massenweinproduzenten von außerhalb schauen auf all dies wie auf «das Disneyland im Weingeschäft» herab. Die Einheimischen quittieren das meist mit einem Lächeln – sie stehen ja an der Spitze der Pyramide, im allerfeinsten Weinbaugebiet der USA.

Diesen Gipfel zu erklimmen war nicht leicht – Napa ist höher gestiegen und tiefer gestürzt als so manches andere Weinbaugebiet. Schon der Start war verspätet; anfänglich glaubte niemand, Napa sei viel wert außer für Viehzucht und Weizenanbau. Die ersten Siedler pflanzten Wein vor allem für den Eigenbedarf; erst der Weinboom in Sonoma nach dem Goldrausch von 1849 brachte hier die Dinge in Gang. In wenig mehr als 10 Jahren entstanden 50 Weinbaubetriebe im Napa Valley, das auch zum populären Touristenziel wurde, obwohl die Reise aus der Stadt hierher mit Bahn, Fähre und Postkutsche zwei Tage in Anspruch nahm. (Robert Louis Stevenson verbrachte hier seine Flitterwochen und schrieb den ersten Entwurf zu seiner «Schatzinsel» sowie ein Essay, das Napa in Europa bekannt machte.)

Dann schlug die Reblaus zu. Der Schädling traf Napa besonders hat, weil hier der Anteil der empfindlichen Europäer Reben am größten war. Die Rebfläche ging in 10 Jahren von über 50 000 ha auf 12 350 ha zurück. Seltsamerweise erlebte die Reputation der Napa-Weine, insbesondere der roten, einen mächtigen Aufschwung, während zugleich die Weinbaupioniere bankrott machten. Das Comeback nach der Jahrhundertwende, als die Reblaus besiegt schien, war spektakulär, doch die noch größere Bedrohung durch die Prohibition lag schon auf der Lauer. Der neue Schlag war wirklich hart – viele begannen Pflaumen oder Birnen anzubauen, andere rissen die Weintrauben heraus und pflanzten Tafeltrauben. Erst in den frühen 1970er Jahren, als ganz Kalifornien einen Weinboom erlebte, erreichte die Rebfläche wieder den Stand von vor fast 100 Jahren.

△
Stags Leap District: 1976 errang Wein aus diesem Gebiet den ersten Preis bei einer Prämierung in Paris und rückte Kalifornien mit an die Spitze des Weinbaus der Welt.

Heute kultivieren etwa 220 Weinbaubetriebe eine Rebfläche von 13 000 ha, und es gibt kaum noch Raum zur Expansion. In den 1980er Jahren gab es einen häßlichen Rückschlag, als eine neue Reblausart auftrat. Die befallenen Reben mußten ausgehauen und verbrannt werden, dann wurde mit neuen Unterlagsreben wiederbestockt, wobei viele Betriebe die Gelegenheit nutzten und neue Rebsorten nach europäischem Vorbild dichter pflanzten – dabei kommt ein wenig mehr Quantität bei viel mehr Qualität heraus. Die Kosten waren horrend (wir Verbraucher dürfen sie mittragen), aber der Nutzen wird wohl beträchtlich sein.

Früher war Napa vor allem bekannt für Rotwein im Bordeaux-Stil, zunächst von Zinfandel, später von Cabernet Sauvignon. Heute kommt es dem Bordeaux-Ideal näher als je zuvor; über 4000 ha sind mit Cabernet Sauvignon, 1800 ha mit Merlot, 300 ha mit Cabernet Franc sowie kleinere Flächen mit Malbec und Petit Verdot besetzt – insgesamt fast die Hälfte der Rebfläche. Das bedeutet, daß der Anteil dieser Bordeaux-Rebsorten in den letzten 10 Jahren erheblich gestiegen ist, und zwar weitgehend auf Kosten der Weißweinrebsorten, deren Anbaufläche mit Ausnahme von Chardonnay und der inzwischen populären Sorten Pinot Gris und Viognier stark zurückgegangen ist.

Das Napa Valley ist rund 40 km lang, allenfalls 8 km breit und beschreibt einen sanften Bogen nach Nordwesten von der San Francisco Bay aufwärts, am Napa River entlang, der kaum ein Bach zu nennen ist, bis es im Februar in paar Wochen lang regnet. Dann kann er die ganze Talsohle überschwemmen, und das tut er auch drei- bis viermal in 10 Jahren. Der von der Bay heraufziehende Nebel macht das Napa Valley am Südende kühler als am Nordende – am kühlsten ist es in Carneros, das offiziell zum Napa Valley AVA gehört.

Es gibt eine Reihe Sub-AVAs im Napa Valley. Es wären noch mehr geworden, wenn alle Weinerzeuger ihren Willen durchgesetzt hätten – statt dessen sind die Grenzen allseits beliebter Appellationen wie Stags Leap District und Rutherford-Oakville im Lauf jahrelanger Auseinandersetzungen recht stark gedehnt worden. Manche Sonderwünsche sind im Sinne des Weinbaus solide begründet, andere beziehen sich auf so neue oder erst vor so kurzem wiederbestockte Gebiete, daß es noch zu früh für ein Urteil ist. Auch haben viele Einzellagen schon so etwas wie AVA-Status erlangt, so daß ein entsprechender Anspruch berechtigt erscheint. Der Qualitätsstand der Weinerzeugung ist hier überall hoch, doch wie sonstwo auch bleibt der gute Name des Erzeugers die beste Versicherung.

Außer in Carneros drängen sich die Weinberge oberhalb der Stadt Napa am dichtesten. In den Bergen im Westen, dem Mount Veeder Sub-AVA, gedeihen Cabernet und Chardonnay gut, wie der Pionierbetrieb Mayacamas und der Neuling The Hess Collection (benannt nach einer Kunstgalerie im Gutshaus) beweisen. Auf der Talsohle sind über eine lange ununterbrochene Strecke die Weinberge vor allem mit exzellentem Chardonnay besetzt, der in vielen Betrieben verarbeitet wird.

Am Silverado Trail auf der Ostseite des Tals erstreckt sich der Stags Leap District. Hier errichtete Warren Winiarski die Stag's Leap Wine Cellars, die 1976 bei einer Weinprobe in Paris den Spitzenreiter und damit den kalifornischen Wein zur Weltklasse machten. Als zunächst ein weiterer Betrieb unter dem Namen «Stags' Leap» entstand und dann noch mehr Betriebe Stags Leap als inoffizielle Appellation benutzten, gab es eine Flut von Prozessen. Schließlich wurden die Grenzen offiziell gezogen, woraufhin einige Nachbarn, die nicht einbezogen worden waren, ihrerseits mit Prozessen drohten. Das alles zog sich länger als 10 Jahre hin. Heute ist das Gebiet fast ganz auf Cabernet eingestellt, der hervorragende Qualität aufweist, insbesondere von Stag's Leap Wine Cellars, Clos du Val, Pine Ridge, Silverado Vineyards und Shafer, der auch mit die besten kalifornischen Merlots hervorbringt.

In seinem Zentrum ist das Napa Valley eine Galerie weltberühmter Namen von Weinbaubetrieben und Weinberglagen. Aus Martha's Vineyard, Napanook, BV 1 und 2, Bosche und Bella Oaks kommen mit die kostbarsten kalifornischen Cabernets. Die beiden Weinbauorte Oakville und Rutherford haben eindeutig Sub-AVA-Status, obwohl ungeklärt ist, wo der eine Bereich endet und der andere anfängt. Die alte und neue Geschichte des Tals hat sich großenteils hier am Highway 29 zwischen Inglenook (heute im Besitz des Filmregisseurs Francis Ford Coppola) und Beaulieu bis hin zu Robert Mondavi, Far Niente, Cakebread, Grgich Hills, Franciscan, Caymus, Louis Martini und anderen nicht ganz so berühmten abgespielt. Am Silverado Trail auf der anderen Talseite sind ZD, Heitz und Phelps aufgereiht. Alle produzieren, und zwar durchweg gut, die verschiedensten Weine, hervorragend sind aber stets die wuchtigen, ausdrucksvollen Cabernets. Den AVA-Status des Howell Mountain rechtfertigen superbe Cabernets und Merlots.

Oberhalb von St. Helena schieben sich Berge an die Straße im Westen des enger werdenden Tals heran, und die Weinberge nehmen meist die Ostseite ein. Eine Ausnahme bildet der hochgelegene Bereich Spring Mountain mit mehreren kleinen Weinbaubetrieben. Hier findet man Beringers über 100 Jahre altes Rhine House, außerdem Freemark Abbey, Duckhorn, Sterling, Diamond Creek, Cuvaison und Chateau Montelena. Der Schaumweinspezialist Schramsberg sitzt ebenfalls hier in den Bergen im Westen, wo es kühl genug für Pinot Noir ist, so daß er sich mit Chardonnay aus dem unteren Tal perfekt im klassischen Stil verarbeiten läßt.

So gut Chardonnay und Cabernet Sauvignon im Napa Valley auch sein mögen, sie machen doch nicht alles aus. Es gibt auch feinen Zinfandel, wie Frog's Leap, Caymus, Burgess und Clos du Val immer wieder beweisen. Auch Sangiovese hat einen glänzenden Start, vor allem von Atlas Peak, einem Betrieb in den Bergen mit Sub-AVA-Status für sich allein, sowie von Robert Pepi, Rodeno, Swanson und Franciscan. Sauvignon Blanc, hier auch als Fumé Blanc bezeichnet, kann herrlich geraten, frisch und spritzig, leicht kräuterwürzig, mit Melonenduft und blumiger Note – Frog's Leap und Grgich Hills produzieren gute Beispiele. Robert Mondavis bekannter Fumé Blanc hat festere Struktur und mehr Fülle, teils durch einen Eichenton, teils durch eine Beimischung von Sémillon. Zu leiden hat der Sauvignon Blanc hier nur unter der übermächtigen Popularität des Chardonnay.

1880 schrieb Robert Louis Stevenson: «Ein Winkel des Landes nach dem anderen wird mit einer Rebsorte nach der anderen erprobt. Die eine versagt, die andere ist besser, die dritte am besten. So tasten sie sich hier Schritt um Schritt an ihren Clos Vougeot und Lafite heran … Der Geschmack der kalifornischen Erde wird den Gaumen Eurer Enkel umschmeicheln.» Im Napa Valley halten viele das Ziel für erreicht.

△
Die Inglenook Winery am Highway 29 ist Eigentum des Filmregisseurs Francis Ford Coppola.

Mendocino

Mendocino hat Teil an der frühesten Geschichte der Entdeckung Kaliforniens durch den spanischen Seefahrer Juan Cabrillo im Jahr 1542. Doch die Küste muß recht abschreckend gewirkt haben – Nebel und Felsen erschwerten die Landung, und die Wälder mit hochragenden Fichten und Mammutbäumen schienen undurchdringlich. So begann die Besiedlung erst Anfang des 19. Jahrhundert; damals kam es dort fast zu einem Krieg zwischen Mexiko und Rußland.

Mendocino ist seit eh und je ein Land für Wagemutige. Anfänglich schickten die einstigen Holzbarone Bauholz mit Schiffen nach San Francisco und Los Angeles, und Fischer segelten von hier aus bis Alaska. Als dann Straßen gebaut waren, kam der legendäre Räuber Black Bart von San Francisco herauf, um Postkutschen zu überfallen. Heute wird hier angeblich das meiste Geld mit Marihuana verdient, das weit drinnen in den noch immer dünn bevölkerten Bergen angebaut wird.

Der Weinbau kam erst in den 1880er Jahren nach Mendocino, nachdem die Holzfäller viel Wald gerodet hatten. Vom damaligen Wein ist nur wenig bekannt; er wurde meist faßweise verkauft. Allerdings gibt es Belege, aus denen hervorgeht, daß Weinkellereien im Napa Valley gute Preise für Rotweintrauben aus Mendocino boten. Die Anonymität brachte es mit sich, daß der Weinbau in der Prohibitionszeit so gut wie ganz verschwand. Nur Parducci, ein in den 1930er Jahren gegründeter Betrieb, harrte aus, bis im Weinboom der 1960er Jahre Fetzer dazukam.

Mendocino hat mehrere voneinander getrennte, aber nicht immer unterscheidbare Weinbaugebiete (das mag daran liegen, daß die Trauben oft gemeinsam verarbeitet werden). Das innere Gebiet erstreckt sich am Russian River und weitgehend am Highway 101 entlang, dagegen schwenkt das Anderson Valley am Highway 128 entlang zum Ozean und zu der hübschen Stadt Mendocino hin ab.

Im Landesinneren herrscht oberhalb der Stadt Ukiah ein launisches Klima – im Winter naß, im Sommer heiß, doch wird die Wachstumsperiode am Anfang und Ende durch Kaltfronten und Gewitter verkürzt. Cabernet Sauvignon und Zinfandel entwickeln hier meist schöne Fruchtigkeit und Beerenfrische, nur in einigen Berg-

lagen kommen Wucht und Haltbarkeit hinzu. Chardonnay und Sauvignon Blanc können hervorragend geraten. Der kleine AVA-Bereich McDowell Valley ist die Heimat des gleichnamigen, unter neuen Besitzern prächtig gedeihenden Betriebs, der sich mit üppigen Weinen im Rhône-Stil, u. a. erstklassigem Syrah von alten Reben, einen Namen gemacht hat. Weiter im Norden reifen Chardonnay und Pinot Noir nicht voll aus, eignen sich aber ideal für Schaumwein v. a. von Scharffenberger.

Die beiden Großen der Gegend, Parducci und Fetzer, haben neuerdings Veränderungen erlebt. Die Familie Parducci geriet nach dem Verkauf von Betriebsanteilen in Zwistigkeiten mit ihren Partnern; die Zukunft erscheint unsicher, doch die Weinberglagen sind ausgezeichnet, und die technischen Einrichtungen wurden verbessert, so daß nach wie vor Potential für zuverlässige Weine besteht. Fetzer, einer der großen Erfolgsschlager im Weinbau, entwickelte sich vom kleinen Familienweingut in 20 Jahren zum Großbetrieb mit vielen Millionen Litern Kapazität. Er machte Gewürztraminer so populär (was allgemein für unmöglich gehalten wurde), daß der Absatz über 150 000 Kisten im Jahr erreichte. Fetzer verarbeitet auch Trauben aus Washington und Oregon zusammen mit kalifornischen und setzt sich stark für organischen Anbau ein. 1992 verkaufte Fetzer die Kellerei angeblich für 100 Millionen $ an einen Wein- und Spirituosenkonzern, behielt aber viel Weinbergland und beliefert jetzt die verkaufte Kellerei, die den Qualitätsstand zu halten bemüht scheint, mit Trauben. Aus der verwirrenden Vielzahl an Weinen sind die als «Barrel Select» und «Reserve» bezeichneten meist wahrhaft exzellent.

Das Anderson Valley ist eine außerordentlich schöne, 40 km lange und 5 km breite Senke zwischen majestätisch bewaldeten Gebirgen. Hier findet man in mehreren Weinbaubetrieben den besten Gewürztraminer Amerikas, dem die regelmäßig durch das Tal ziehenden Nebel zugute kommen. Die große Reputation der Gegend beruht allerdings auf Schaumwein, den Roederer und Scharffenberger von Pinot Noir und Chardonnay in gleichmäßiger Qualität produzieren. Die meisten übrigen Betriebe sind klein und haben zum Teil vor kurzem Besitzerwechsel erlebt, so daß die künftige Richtung schwer einzuschätzen ist.

△
Das einst weltabgeschiedene Anderson Valley hat heute einen guten Namen für Gewürztraminer und Schaumwein.

Central Coast

Das AVA-Gebiet Central Coast ist riesig; es reicht von San Francisco bis Santa Barbara und umfaßt sieben große Countys. Die Wachstumsbedingungen weisen genug Gemeinsamkeiten auf, um die Appellation zu rechtfertigen, obschon bei ihrer Entstehung auch nicht unbedingt relevante historische und politische Umstände mitspielten. Als umfassende Benennung hat Central Coast jedoch seine Logik, und es gibt innerhalb seines Terrains kleinere, in ihrem Charakter klar definierte AVAs.

Östlich von San Francisco liegt jenseits der Berge und außerhalb des Nebelbereichs das Livermore Valley, wo die Familie Wente seit über 100 Jahren vorwiegend Weißwein mit reintönigem Sortencharakter produziert. Die größte Gefahr für die Weinberge im Livermore Valley ist der Bau von Wohnstädten, und so wehren sich die Wentes, indem sie möglichst viel Fläche aufkaufen. Ein in Konkurs gegangener Weinbaubetrieb wurde inzwischen von Randall Grahm übernommen.

Der größte Teil des Traubenguts der Central Coast wächst auf einer umfangreichen Rebfläche im Monterey County. Es ist dies die Landschaft, die John Steinbeck in «Jenseits von Eden» berühmt gemacht hat, ein langes, weites Tal mit fettem Boden. Früher gab es hier keinen Weinbau, denn die Niederschläge sind gering, und nachmittags brausen starke, den Reben schädliche Winde das Tal entlang. Zu Beginn der 1960er Jahre lösten Winzer aus Santa Clara (das sich rasch zum dicht bebauten Silicon Valley wandelte) und aus dem Livermore Valley die Klimaprobleme: Der unterirdisch fließende Salinas River liefert genug Wasser für Bewässerungssysteme, und die Rebzeilen wurden parallel zur Windrichtung angelegt. Die Rebfläche von Monterey wuchs von anfänglich 2,5 ha bis im Jahr 1983 auf 14 000 ha.

Ein großer Teil des Landes gehörte gewinnorientierten Firmen, die vor allem Chardonnay und Cabernet Sauvignon pflanzten. Leider aber schmeckte der Cabernet wie ein Gebräu aus Sellerie und Kohl, und es dauerte eine Weile, bis es gelang, ihn schmackhaft zu machen – es hatte mit dem Zeitpunkt und der Menge der Bewässerung zu tun. Inzwischen ist die Rebfläche von Monterey wieder auf 11 700 ha zurückgegangen, und den Löwenanteil stellen Weißweintrauben dar. Über die

Hälfte entfällt auf Chardonnay, der hier einwandfreien Wein liefert; die wahre Stärke aber liegt bei Riesling, Gewürztraminer und Pinot Blanc.

In der Gegend gibt es nicht viele Verarbeitungsbetriebe, was die Identitätsprobleme nicht geringer macht. Die Lösung wurde in der Schaffung kleinerer AVAs gesehen, die aber noch zu jung sind, um ein Urteil zu erlauben. Manche versprechen jedoch viel Gutes, vor allem das Carmel Valley, das sich hinter steilen Bergen verbirgt und dadurch eigene Art gewinnt, sowie das wärmere Paso Robles weit im Inneren.

Zwei Appellationen mit Weinen burgundischer Natur verdienen besondere Beachtung. Chalone ist sowohl Weinbaubetrieb als auch AVA, seine Weinberge liegen in rund 500 m Höhe und deshalb weit über den Nebelbänken, zwar in einer kühlen Brise, aber doch voll in der wärmenden Sonne. Der vulkanische Boden ist von Kalkstein durchzogen und eher karg; es ist hier so trocken, daß Wasser mit Tankwagen herbeigeschafft werden muß ... und bis vor kurzem hatte der Betrieb noch nicht einmal Telefon. Der Besucher kommt sich vor wie in einem Kloster einer ganz besonders asketischen Sekte. Hier oben entsteht intensiver, tiefgründiger Pinot Noir und Chardonnay. Auch Mt. Harlan ist eine Appellation mit einem einzigen Weinbaubetrieb, dem ganz auf Pinot Noir ausgerichteten Calera. Er liegt 610 m hoch auf derselben Gebirgskette wie Chalone, jedoch in einem anderen County: San Benito. Der Besitzer Josh Jensen erzeugt Einzellagenweine der AVAs Mt. Harlan und San Benito sowie markanten Viognier. Der Chalone und der Calera sind gesuchte Weine; dadurch werden auch andere Weinbaubetriebe in den Bergen von Monterey und San Benito dazu verlockt, sich mit Pinot Noir zu befassen. Erste Beispiele sind vielversprechend.

Santa Barbara

Wie Monterey gehörte auch Santa Barbara im 18. und 19. Jahrhundert zu den bedeutendsten Städten Kaliforniens, als Los Angeles noch ein rauhes Wildweststädtchen und San Francisco eine dünn besiedelte, dicht vernebelte Sanddüne war. Das Santa Barbara County ist eine Landschaft von großer Schönheit mit baumbestandenen

△
Firestone im Santa Ynez Valley (Santa Barbara) hat neue Weinberge mit Pinot Noir angelegt.

Hängen an meilenlangen Sandstränden. In Santa Barbara selbst sind noch drei spanische Missionen erhalten, und die neuere Architektur nimmt die schöne Einfachheit ihres Stils oft wieder auf. Es ist eine anmutige Stadt und der Kontrast zum nebelverhangenen, überfüllten Los Angeles gewaltig.

Santa Barbara hat in Nordamerika eine einmalige Lage, denn es besitzt die einzige Küste in Ost-West-Richtung, weil diese hier auf eine Länge von 80 km im rechten Winkel abbiegt, so daß zwei Seiten vom Ozean umspült sind. Aus der Luft ist erkennbar, daß die Landschaft von prähistorischen Gletschern, Vulkanausbrüchen und reißenden Flüssen geformt wurde. Durch eine Reihe von Berglücken und Pässen dringt stetig Nebel vom Ozean her ein, so daß dieser Teil Südkaliforniens im Mittel ebenso kühl ist wie Burgund.

Die Prohibition machte hier dem wenigen Weinbau den Garaus. In den 1960er Jahren wurden wieder Reben angepflanzt, und die ersten Weine waren so gut, daß sie einen Boom auslösten. Damals aber war der Geschmack des amerikanischen Publikums erst noch dabei, sich herauszubilden, und Santa Barbara schlug leider die falsche Richtung ein. Es wuchsen dort zwar superbe Rieslinge und Gewürztraminer, aber sie fanden kaum Interesse. Cabernet Sauvignon und Sauvignon Blanc, die beim Publikum beliebter waren, fielen bestenfalls kräuterhaft aus. Zum Glück aber gedeihen Chardonnay und Pinot Noir gut, und neuerdings beschleunigt sich der Trend zu diesen beiden Sorten. Die mit Chardonnay besetzte Fläche hat sich mehr als verdoppelt, und auch die Pinot-Noir-Bestände sind gestiegen.

Santa Maria

Santa Maria hat zwei ganz verschiedene AVAs. Im Santa Maria Valley gibt es weite Rebflächen, die früher Großunternehmen gehörten. Diese lieferten ihr Traubengut, meist Chardonnay, an Weinkellereien außerhalb des Gebiets. Gegen Ende der 1980er Jahre kauften Robert Mondavi, Kendall-Jackson und Beringer diese Weinberge auf; Mondavi erwarb auch Byron Vineyard & Winery, einen angesehenen Pinot-Noir-Erzeuger. Nördlich dieser großen Besitzungen befindet sich die Lage Bien Nacido – das heißt soviel wie «gut und natürlich», und daran muß etwas sein, denn ein Dutzend Verarbeitungsbetriebe kauft dort Trauben und setzt den Namen auf das Etikett. Daran angrenzend liegen zwei kleine, aber feine Betriebe: Au Bon Climat, ganz auf Pinot Noir und Chardonnay eingestellt, und Qupé, hoch angesehen für Syrah und jetzt auch mit superben Weißweinen im Rhône-Stil befaßt.

Santa Ynez Valley AVA, der zweite Bereich, ist vielschichtiger und hat kleinere Erzeugerbetriebe, die sich meist noch nicht den längst verdienten guten Namen schaffen konnten; am bekanntesten sind Firestone und Sanford. Hier wächst exzellenter Pinot Noir und Chardonnay, und Rhône-Rebsorten gewinnen an Gewicht.

△
In seinem Weingut Au Bon Climat in Santa Barbara erzeugt Jim Clendenen feinen Chardonnay und Pinot Noir.

San Joaquin Valley

So groß das San Joaquin Valley auch ist – über 320 km lang und im Schnitt fast 80 km breit – es macht doch nur knapp die Hälfte des Central Valley aus. Das San Joaquin Valley ist landwirtschaftliches Wunderland. Hier wachsen in enormen Farmen über 200 Arten Obst und Gemüse.

Die Geschichte des heißen, trockenen Tals ist sehr kurz. Die Kolonisierung spielte sich vorwiegend an der Küste ab, bis in den 1850er Jahren der Goldrausch Hunderttausende ins Land lockte. Viele ließen sich im Tal nieder und bauten zunächst vor allem Weizen an, erst in den 1870er Jahren, als Bewässerungsanlagen aufkamen, leiteten Trauben eine Diversifizierung ein. Populär war vor allem die höchst ertragreiche Sorte Thompson Seedless, die als Tafeltraube diente, zu Rosinen getrocknet oder zu einfachem Weißwein verarbeitet und schließlich zu Brandy destilliert werden konnte. Die beliebteste Weintraube hieß West's White Prolific, auch als French Colombard bekannt. Diese Sorte wird in Frankreich zu Cognac verarbeitet und besitzt die schöne Eigenschaft, in heißem Klima gute Säure zu bewahren, so daß sie einen neutralen Wein mit frischem, duftigem Aroma erbringt.

Aus diesem Tal kamen auch die Dessertweine Kaliforniens, denn viele Spanier siedelten hier und pflanzten Palomino, Pedro Ximénes, Valdepeñas und verschiedene Muskatellersorten. Mit abnehmender Nachfrage nach starken Süßweinen wurden die meisten Anpflanzungen auf Rebsorten für Tischwein umgepfropft, nur einige Anbauer bleiben hartnäckig, vor allem Andrew Quady, der wunderbaren Black und Orange Muscat und einen Port-ähnlichen Wein namens Starboard produziert.

Der Weinbau ist hier unromantisch und mengenorientiert; das zeigen hoch aufragende Stahltankbatterien an schnurgeraden Straßen über monotone Ebenen. Die Weinverarbeitung findet in blitzblanken, computergesteuerten Multimillionen-Liter-Betrieben statt, in denen mächtige Pumpen Weinströme durch endlose Pipelines pressen. Die Weinpflanzungen sind ungeheuer groß, viele tausend Hektar Reben in sauberen Zeilen, durch die sich schwarze Bewässerungsschläuche schlängeln. Nachts kriechen unförmige Monster durch die Reben, brüllend und mit blendenden Strahlenaugen – Erntemaschinen, die die Trauben von den Zweigen schütteln.

Es hat wenig Sinn, hier von Terroir zu sprechen – es ist ein Gebiet, aus dem einfacher Konsumwein kommt. Am meisten wird immer noch French Colombard angebaut, gefolgt von Chenin Blanc, der recht neutral, aber leicht fruchtig ausfällt. Zinfandel verträgt die Hitze im Tal und befindet sich im Aufschwung, zweifellos weil der liebliche «White» Zinfandel einen Boom erlebt. Das San Joaquin Valley umfaßt etwas über die Hälfte der Gesamtrebfläche Kaliforniens, produziert aber weit mehr als nur die halbe Menge an Wein, weil hier die Erträge höher liegen als in den auf feinen Wein ausgerichteten Gebieten – Jahr für Jahr werden über zwei Millionen Tonnen Trauben gekeltert. Der Wein, stets unter der Appellation «California», ist billig, meist süffig und zumindest sauber und anständig.

Zwei Bereiche verdienen besondere Beachtung; sie liegen an dem von Brisen aus dem Delta des Sacramento River gekühlten oberen Ende des Tals. Der eine ist Lodi, ein seit langem für vollmundige Zinfandel berühmter AVA-Bereich, jetzt bekannter durch den Namen Woodbridge, der für Robert Mondavis Alltagsweine steht. Sebastiani unterhält in der Nähe einen ähnlichen Betrieb. Der andere Bereich, Clarksburg AVA, liegt weiter westlich und besteht aus Weinfeldern hinter Deichen auf Inseln im Sacramento River. Hier wuchs früher ein ganz wunderbarer Chenin Blanc, der inzwischen von mittelmäßigem, aber gewinnbringenderem Chardonnay verdrängt worden ist. Hoffentlich wird sich das einmal wieder ändern.

Washington

Dort wo heute der Bundesstaat Washington liegt, war lange Zeit nichts als eine legendäre Wildnis, die sich dem Zugriff der seefahrenden Entdeckungsreisenden entzog. Sir Francis Drake wurde 1579 von «übelsten, dicken und stinkenden Nebeln» abgeschreckt, und Captain James Cook hatte 200 Jahre danach ebensowenig Glück. (Dennoch wollte England Anspruch auf das Land erheben, das sich da vor ihm verbarg.) Die ersten Siedler, die «Gentlemen-Abenteurer» der Hudson's Bay Company, kamen auf dem Landweg über Kanada und machten mit Fischen, Holzfällen und Fellhandel ihr Vermögen. Es war hartes, rohes, rauhes Land, geeignet für kühne Unternehmungsgeister – an Landwirtschaft dachte man erst in zweiter Linie.

Washington ist seitdem immer seinen eigenen Weg gegangen. Im Winter regnet es auf der Westseite, wo die meisten Menschen leben, sehr viel, und dann wirkt alles trist (jemand hat das Land einmal «die verschimmelte Ecke des amerikanischen Teppichs» genannt). «Twin Peaks», die abgefahrenste Serie im US-Fernsehen, spielt hier. 1948 sah ein Air-Force-Pilot am Mount Rainier etwas, was dann als UFO berühmt wurde. In der Nähe lebt Ramtha, ein 30000 Jahre alter Geist im Körper einer Hausfrau mit einer Vorliebe für Atlantis-Sagen und viel Geschick im Vermarkten ihrer Prophezeiungen – das alles paßt irgendwie zusammen.

Trauben wurden in dieser Gegend ab Mitte des 19. Jahrhunderts angebaut, aber es waren einheimische Rebsorten, gut nur für Traubensaft und Gelee; dennoch ließen sich manche nicht davon abhalten, auch ziemlich unerfreulichen Wein davon zu bereiten. Nach dem Ende der Prohibition wurde ein Monopol für den Verkauf von Wein eingerichtet: Er war nur in staatlichen Läden erhältlich, und auf Wein aus anderen Bundesstaaten oder dem Ausland wurden Schutzzölle erhoben. Erst nach jahrelangem Prozessieren wurde Washington 1969 endlich zum freien Markt. Zu diesem Zeitpunkt nahm der moderne Weinbau seinen Anfang.

△
Sonnenuntergang am Columbia River.

Manche Farmer hatten auch «richtige» Traubensorten gepflanzt, konnten damit aber nur Kellereien beliefern, die Dessertweine produzierten – ein recht abenteuerliches Gebräu aus Vinifera- und Amerikaner Trauben, angereichert mit Kornbranntwein. Als die Gesetzesänderung kam, unternahm es eine Gruppe von Hobbykellermeistern, professionelle Weinerzeuger zu werden und ordentliche Weine von Vinifera-Trauben zu keltern; es waren Professoren der University of Washington, und aus ihrem Kleinunternehmen ging die Columbia Winery hervor. Um dieselbe Zeit berief eine kommerzielle Weinkellerei den großen kalifornischen Kellertechniker André Tchelistcheff und gab ihm freie Hand für die Produktion guter Weine – hieraus entwickelte sich Chateau Ste Michelle. Niemand hätte damals gedacht, daß es der Weinbau Washingtons einmal weit bringen würde – heute hat er bei beträchtlichem Umfang Weltklassestandard. Wieder einmal hatten «Gentlemen-Abenteurer» den Anstoß gegeben.

Wie Oregon ist auch Washington westlich der Cascade Mountains feucht und östlich davon trocken. Auf der Westseite gibt es nur wenige Weinberge, wohl aber viele Weinkellereien, die größtenteils Traubengut von der trockenen Ostseite beziehen. Die kleineren arbeiten weitgehend handwerklich und erzeugen insbesondere Cabernet Sauvignon und Merlot, aber auch Riesling und Nebbiolo. Die Großbetriebe sind heute vor allem Ausflugsziele mit Probierräumen, Gärten und Picknickplätzen, dazu bestimmt, möglichst weite Publikumskreise anzusprechen. Sie verfügen nur noch in gewissem Umfang über Lagerkeller – die eigentliche Weinproduktion findet in nüchternen Anlagen auf der Ostseite des Gebirges statt.

Die Fahrt durch die Steppe im Osten ist ein unvergeßliches Erlebnis – aber eines, das ich nicht allzu oft erleben möchte. Nach weiten, eintönigen Weizenfeldern erblickt man unübersehbare Gestrüppflächen. Dann plötzlich trifft man auf Quadrate und Rechtecke in Grün: Felder mit Hopfen, Minze, Spargel, Beeren, Obstgärten mit Kirschen, Äpfeln und Pfirsichen und die vertrauten Rebzeilen. Die mittlere Niederschlagsmenge liegt bei unter 205 mm im Jahr, doch der Columbia River, mit 2000 km Länge der zweitgrößte Fluß Amerikas, der die Grenze zwischen Oregon und Wa-

△
Arktische Kälte bedroht den Weinbau in Washington, da gilt es die Rebsorten mit Sorgfalt zu wählen.

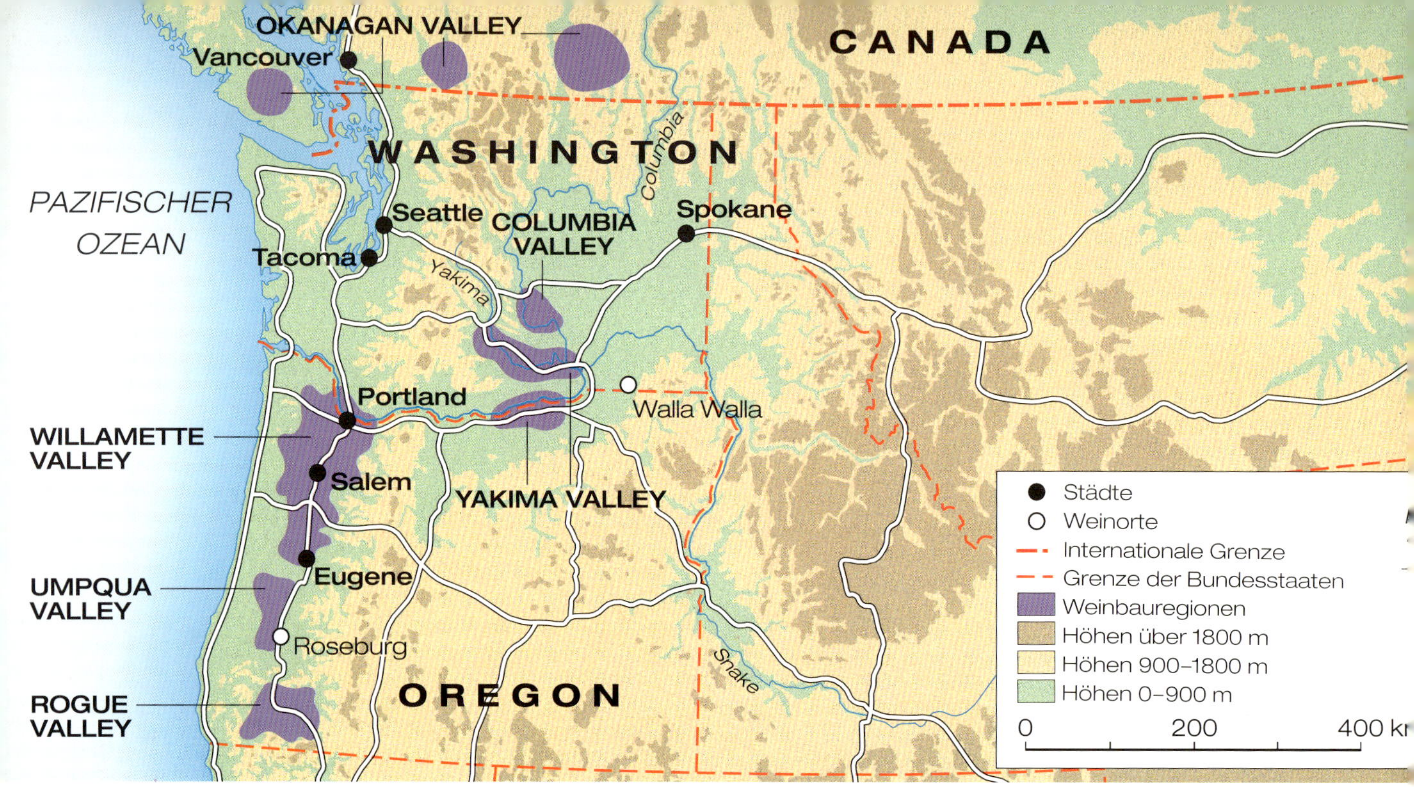

shington bildet, ermöglicht Bewässerung und wirkt als Lebensader. Das Klima schwingt von einem Extrem zum anderen: glühend heiß an einem langen Hochsommertag mit einem Temperatursturz von 20 °C in der Nacht. Die Feldfrüchte werden mit solchen Schwankungen besser fertig als der Mensch. Äpfel, Kirschen und Trauben strotzen vor lebendiger Säure und breitgefächerten Geschmacksnuancen.

Bislang gibt es in Washington nur einige ziemlich große Appellationen: Das Yakima Valley umfaßt 260 000 ha, davon sind allerdings derzeit nur gut 2000 ha bestockt, und Walla Walla hat 72 470 ha, aber nur 36 ha Rebfläche mit einem halben Dutzend Weingüter. Diesen Gebieten überlagert ist das Columbia Valley AVA mit insgesamt fast 4,5 Millionen ha und einer bestockten Rebfläche von weiteren 7280 ha. Man darf annehmen, daß die anbaufähigen Flächen sehr groß sind; es gibt also noch reichlich Raum für Wachstum. Verarbeitungsbetriebe befinden sich auch bei Spokane am Ostrand Washingtons, sie produzieren jedoch Wein von anderswo eingekauften Trauben. Puget Sound bei Seattle hat vor kurzem AVA-Status erlangt – was dabei herauskommt, bleibt jedoch abzuwarten.

Die regionalen Unterschiede sind bisher nicht sehr groß. Der Traubenanbau ist vom Markt bestimmt, aber auch noch durch eine weitere Erwägung: Mindestens einmal, gelegentlich auch zweimal alle zehn Jahre fällt hier arktische Kälte derart ein, daß man in der Nacht das Holz der Bäume krachen hört. In den früher noch kleinen Weinbergen wurden die Reben stets im November zum Schutz mit Erde und Stroh angehäufelt und im März wieder ausgegraben. Heute helfen sich die Farmer mit dem Anbau anderer Feldfrüchte, durch Berücksichtigung günstiger Luftströmungen und durch eine Gratwanderung zwischen den vom Markt bevorzugten und den frosthärtesten Rebsorten. So ist zwar der Riesling sehr winterhart und erbringt hier exzellenten Wein, doch leider mag der Verbraucher ihn nicht.

Ein allgemeines Urteil wird aber nicht nur durch die Nachfrage nach den Rebsorten, sondern auch durch die rasche Ausweitung der Rebfläche erschwert. Die Anbaufläche von Riesling ist in den letzten 10 Jahren etwas zurückgegangen, auch die von Chenin Blanc und Gewürztraminer, die ebenfalls gute Weine liefern, beim

Verbraucher aber nicht beliebt sind. Demgegenüber hat sich die Anbaufläche von Chardonnay mehr als verdoppelt. Trend ist nun einmal Trend, und der Chardonnay aus Washington ist schließlich auch gut, manchmal sogar sehr gut. Besseren, volleren, festeren Wein erbringt hier jedoch eigentlich Sémillon, der sich denn auch gut hält, zum Teil infolge wachsender Beliebtheit von Verschnitten mit Chardonnay nach australischem Vorbild.

Der Star aber ist immer mehr der überaus fruchtige, feine Merlot – inzwischen die führende Rotweintraube (auf Chardonnay und Merlot zusammen entfällt fast die Hälfte der Gesamtrebfläche). Auch Cabernet Sauvignon bringt gelegentlich Erfolg, und Cabernet Franc ist im Kommen – dem Bordeaux-Stil steht also eine gute Zukunft bevor. Leichten, fruchtigen Rotwein, wie jedes Weinbaugebiet ihn braucht, liefert die sonst wenig bekannte deutsche Rebsorte Lemberger mit ihrer frischen, an Erdbeeren erinnernden Art; ein Weinbaubetrieb erzeugt auch exzellenten Syrah.

Einige der kleinsten Betriebe in Washington haben in den letzten Jahren aufsehenerregende Weine hervorgebracht und damit das Potential der Trauben dieser Region unter Beweis gestellt. Es gibt immer mehr Einzellagenweine, und die subtilen Unterschiede zwischen ihnen werden nach und nach herausgearbeitet.

Die größeren Betriebe dürfen inzwischen als seriöse, fest etablierte Unternehmen gelten – beispielsweise verfügt Chateau Ste Michelle, der größte Weinproduzent Washingtons, über mehrere hochmoderne Kellereien, kauft ganze Eichenwälder für den Faßbau, investiert in neue Ausrüstungen und beschäftigt erstklassige Kellertechniker, um überall beste Qualität zu gewährleisten. Eine dieser Besitzungen, Columbia Crest, ist heute ein mehr oder weniger unabhängiges Unternehmen mit einem preisgünstigen Weinprogramm.

Ebenfalls erwähnenswert ist die Columbia Winery, ein Zusammenschluß von Boutiquebetrieben mit feinen Weinen, geführt von David Lake (dem einzigen weinbauenden Master of Wine der USA), und Canoe Ridge Vineyard, eine Partnerschaft unter der Führung der Chalone Inc. aus Kalifornien. Es gibt derzeit 85 Betriebe, die meisten jünger als 20 Jahre. Die Pioniertradition lebt und rührt sich.

△
Weinlese bei Columbia Crest, einem der größeren Weinbaubetriebe Washingtons; er gehört zu Chateau Ste Michelle.

Oregon

Der Ausdruck «Pazifischer Nordwesten» ist eine summarische Bezeichnung für zwei völlig verschiedene Bundesstaaten – meist sieht es so aus, als stehe eine hohe Wand trennend zwischen den Grundhaltungen und den Potentialen von Industrie und Landwirtschaft in Oregon und Washington.
Während Washington sich betriebsam und draufgängerisch gibt, ist Oregon eher zurückhaltend, ruhig und eigenbrötlerisch. Recycling ist hier eine wichtige Sache, Umweltfragen haben großes Gewicht, weite Teile der Innenstädte sind Fußgängerzonen, und Rauchverbot gilt anscheinend nicht nur in öffentlichen Gebäuden, sondern so gut wie überall. Autos tragen Aufkleber, die sich gegen die «Kalifornisierung Oregons» wenden. Das Land wurde ursprünglich von Farmerfamilien besiedelt, die mehr als 3000 km weit über den Oregon Trail herbeiwanderten und ihre unbeirrbare Ausdauer weitervererbten.

Viele der neuen Siedler hielten Oregon für einen Garten Eden mit gutem Boden, sanften Hügeln und angenehmem Klima (Stadtleute beklagen sich über den ewigen Regen im Winter, doch nur wenige Farmer haben etwas dagegen). Oregon wird von Norden nach Süden durch die Cascade Mountains geteilt, die den vom Pazifik her kommenden Regen auf der Westseite festhalten; der Osten Oregons ist fast eine Wüste, nicht nur der Dürre, sondern auch extremer Hitze und Kälte ausgesetzt. Die Pioniere folgten zu ihrem Glück den Flüssen und Tälern nach Westen; heute lebt der größte Teil der Bevölkerung westlich vom Gebirge.

Es ist in Oregon ein beliebter Zeitvertreib, gegen Trends aufzubegehren. Für die Landwirtschaft ist heute in vielen Teilen der Welt Monokultur typisch, aber nicht hier – in Oregon werden über 200 verschiedene Nutzpflanzen kultiviert, die Produktpalette reicht von Haselnüssen über Grassaat und Pfefferminze bis zu Rosen. Und wo beim Wein die übrige Welt nichts als Chardonnay und Cabernet Sauvignon kennt, stellt sich Oregon mit Pinot Noir, Riesling und Pinot Gris quer.

Der starke Sinn für Individualismus und Idealismus setzt sich auch im Weinbezeichnungsrecht von Oregon durch – es ist das strengste in den USA und läßt sogar manche Gesetze Europas hinter sich. Es schreibt vor, daß ein sortenreiner Wein zu 90% von der angegebenen Traubensorte gekeltert sein muß; für Cabernet Sauvignon im Verschnitt mit anderen Bordeaux-Rebsorten sind 75% festgesetzt. Allgemeine Bezeichnungen mit Namen aus fremden Ländern wie «Champagne» oder «Rhône» dürfen nicht benutzt werden; die Trauben aller Weine müssen aus dem angegebenen Appellationsgebiet stammen. Interessant ist, daß diese strengen Bestimmungen von den Weinerzeugern selbst und nicht von Bürokraten aufgestellt worden sind.

Das Hauptweinbaugebiet ist das Willamette Valley, ein weites Tal, fast so groß wie das San Joaquin Valley in Kalifornien. Die Appellation erfaßt die Berge östlich und westlich des Willamette River und erstreckt sich vom Columbia River nördlich von Portland bis südlich von Eugene; sie ist etwa 160 km lang und maximal 96 km breit. Die meisten Weinbaubetriebe drängen sich jedoch in der nördlichen Hälfte zusammen. Der Boden ist vorwiegend vulkanisch, reich an Eisen, dunkel ziegelrot; die Weinberge ziehen sich hügelauf, hügelab durch eine Landschaft, die so zerknittert aussieht wie ein ungemachtes Federbett und der hohe Fichten und Kiefern auf den Bergkämmen einen dramatischen Anstrich verleihen.

Der Großteil der Weinproduktion entfällt auf Pinot Noir; die meisten Weinbaubetriebe liegen eine Autostunde südwestlich von Portland im Yamhill County um die «Roten Berge von Dundee». Die Anfänge des Weinbaus in Oregon lagen zwar viel weiter im Süden, hier aber nahm er 1965 seine heutige Gestalt an, als David Lett, ein junger Eigenbrötler aus Kalifornien, Pinot Noir zu pflanzen begann. Es bedarf schon einer romantischen Besessenheit, alles auf einen so launischen und anspruchsvollen Star zu setzen, wie es der Pinot Noir in Weinberg und Keller sein kann. Aber Lett war ein missionarischer Winzer, und bald gesellten sich viele zu ihm.

Viele dieser frühen Pioniere kamen aus anderen Berufen oder waren Teilzeit- oder Hobbywinzer, die gern Profis werden wollten (zwei der bedeutendsten Gestalten, David Adelsheim und Dick Ponzi, waren vorher Banker bzw. Ingenieur, andere

△
Der Crater Lake in Oregon gibt die vulkanischen Ursprünge der Region zu erkennen.

waren Ärzte). Manche produzierten recht guten Wein und arbeiten heute noch mit Erfolg. Auf jeden Fall war vieles von Anfang an verheißungsvoll.

Von Anfang an hatten aber auch wenige von ihnen Geld. So fanden die Kellereien in ehemaligen Truthahnschlächtereien, Obstverpackungs- oder Nußentkernbetrieben oder in Garagen ihre erste Heimat. Auch gaben die meisten Pioniere ihren Hauptberuf nicht gleich auf, und ihre Weine waren vielfach so rustikal wie die Anwesen, oft genug aber fielen sie doch so gut aus, daß es weitergehen konnte. 1976 errang bei einer Marathon-Weinprämierung mit roten Burgundern in Paris ein Bewerber aus der USA den ersten Preis – ein 1975er Eyrie Vineyard Pinot Noir von David Lett. Der bekannte Robert Drouhin veranstaltete kurz darauf erneut eine Prämierung, und wieder gewann der Eyrie.

Einige ordentliche Jahrgänge erregten dann weiteres Aufsehen, und von nun an wurde der Pinot Noir aus Oregon ernst genommen. Heute entfällt auf ihn fast die Hälfte der hiesigen Weinproduktion, und er gilt als der Bannerträger für Oregon. Er ist meist nicht so delikat wie bester Burgunder, hat aber doch die echte, samtige Art und die Schwarzkirschenfrucht, die den Reiz des Pinot Noir ausmachen.

In den 1990er Jahren kam der Weinbau in Oregon in Schwung – die Neupflanzungen nahmen mit dem Zuzug neuer Weinerzeuger zu. Unter ihnen befand sich auch Robert Drouhin; er wurde im Triumph empfangen und errichtete in den Bergen die Domaine Drouhin, einen attraktiven, modernen, von wohlgepflegten Weinbergen umgebenen Weinbaubetrieb. Das französische Flair erhielt Verstärkung durch das Champagnerhaus Laurent-Perrier, das hier eigene Weinberge anlegte. Schließlich gründete der hochangesehene australische Weinerzeuger Brian Croser die Dundee Wine Company für die Produktion von Schaum- und Tischwein. Auch einige Kalifornier, meist aus dem Napa Valley, zogen nach Norden. Ein großer Weinbaubetrieb, Willamette Valley Vineyards, wurde durch Aktienverkauf finanziert (er hat über 4000 Aktionäre), und King Estate, ein ziemlich modernes, grandioses Unternehmen, entstand aus Privatmitteln. Heute beläuft sich die Rebfläche auf über 2800 ha; es gibt etwa 100 Weinbaubetriebe und mehrere etablierte Handelsmarken. Insgesamt

beträgt der Jahresabsatz rund 750 000 Kisten, und das Rustikale gehört der Vergangenheit an.

Weitere Hauptgebiete in Oregon sind das Umpqua Valley südlich vom Willamette Valley und das Rogue Valley noch weiter im Süden an der Grenze zu Kalifornien. Sie liegen höher und sind trockener als das Willamette Valley und bringen Weine von mehreren Rebsorten hervor. Besonders zu erwähnen sind die bewundernswerten, frischen, gut als Begleiter zu Speisen geeigneten Rieslinge und Gewürztraminer. (Auch die Nordwestecke des Willamette Valley erweist sich auf höherem Grund als vorteilhaft für diese Rebsorten.) Auf der anderen Seite der Cascades teilt sich Oregon am Columbia River mit Washington in die Appellationen Columbia Valley und Walla Walla Valley, aus denen anständiger Gewürztraminer, Riesling, Merlot und Cabernet Sauvignon kommen.

Der Anbaufläche nach ist der anfänglich mehr aus kommerziellen Gründen und ohne großen Enthusiasmus angepflanzte Chardonnay die Hauptrebsorte. Er gedeiht auch recht gut und liefert manchmal recht ordentlichen Wein, jedoch nicht oft genug; einige Fachleute glauben, die Klone seien für den Boden und das Klima dieser Region nicht die richtigen. Was auch immer der Grund sein mag, auf jeden Fall begeistern die Chardonnays nicht, und daher ist die Anbaufläche in den letzten Jahren zurückgegangen.

Der aufsteigende Stern ist derzeit der seit jeher attraktive Pinot Gris, der neuerdings in Oregon kommerzielle Erfolge feiert – die meisten Betriebe können gar nicht genug davon beibringen. Die Sorte wird in allen Appellationen angebaut und leistet außerordentlich Gutes mit charaktervollen, komplexen Weinen, die hier etwas fruchtiger als im Elsaß und voller als der Pinot Grigio in Italien ausfallen.

Oregon spricht die Pinot-Noir-Romantiker in aller Welt mit seinem International Pinot Noir Festival an, zu dem Burgunder, Australier, Neuseeländer, Italiener, Kalifornier und Chilenen ihr gebündeltes Wissen mitbringen. Nun ist beim Pinot Noir und seinen Tücken zwar das schönste Wissen oft für die Katz', doch es zeigt sich hierin einmal mehr unbeirrbare Treue zur Sache.

△
Die Domaine Drouhin im Willamette Valley ist Zeichen des Vertrauens, das Robert Drouhin aus Burgund in Oregon setzt.

New York

Zwar wachsen in den USA zwischen der Atlantikküste und den Rocky Mountains von Natur aus mehr Rebsorten als sonstwo auf der Welt, aber es handelt sich dabei um die einheimische Spezies Labrusca, die Weine mit einem charakteristischen Aroma, dem sogenannten «Fuchston», hervorbringt, was den meisten Weinliebhabern nicht zusagt. Bei vielen dieser Sorten versteckt sich zudem scharfe Säure hinter beträchtlicher Süße, und auch das findet keinen großen Anklang.

Jahrhundertelang bemühten sich Winzer, in New York und anderen Staaten im Osten der USA europäische Vinifera-Reben zu kultivieren, doch sie erlitten infolge der harten Wetterverhältnisse und der tödlichen Rebenkrankheiten immer wieder Schiffbruch. Im 19. Jahrhundert wurden französisch-amerikanische Hybriden gezüchtet; sie brachten zwar schmackhaftere Weine hervor, doch die Erzeuger und Enthusiasten in New York sehnten sich weiter nach dem echten europäischen Stil.

Kalifornien mit seinem gemäßigten Klima und seinen freundlicheren Voraussetzungen produziert seit über einem Jahrhundert hochgepriesene Weine, im Osten aber blieb dieses Ziel unerreichbar, bis in den 1970er Jahren endlich eine ganze Reihe von Faktoren zusammenkam, die den Traum der Winzer in Erfüllung gehen ließen. Fortschritte bei der Bekämpfung der Rebenkrankheiten, verbesserte Bodenpflege, verfeinerte Klonenselektion und bessere Weinbergpraktiken ermöglichten es endlich, in bestimmten Teilen des Bundesstaats New York und anderer Regionen im Osten der USA mit Erfolg Vinifera-Reben zu kultivieren.

Zwar bleibt noch immer ein großer Teil von New York für den Weinbau ungeeignet, es haben sich aber vier Weinbaugebiete als zwar schwierig, aber doch rebenfreundlich herausgestellt: Long Island, die Finger Lakes, Lake Erie und das Hudson River Valley. Der gemeinsame Wesenszug aller dieser Gebiete ist nicht das Terroir, das jeweils deutliche Eigenheiten aufweist, sondern vielmehr die Tatsache, daß sie in der Nähe großer Gewässer liegen, die ihr Klima mildern.

Long Island

Nur etwa eine Stunde von der Stadt New York entfernt liegt Long Island, auf einer Seite vom Atlantischen Ozean, auf der anderen vom Long Island Sound bespült. Es ist ein 193 km langes Kies-, Sand- und Siltbett, die Hinterlassenschaft eines Gletschers, der sich vor rund 10 000 Jahren über dieses Land schob. Der durchlässige Boden und das gemäßigte Klima der Insel eignen sich gut für den Weinbau, dennoch wurden hier die ersten Weinberge erst 1972 von Louisa und Alex Hargrave angelegt.

Heute gibt es auf Long Island 16 Weinbaubetriebe, von denen sich die meisten am äußersten Ende der Insel auf der North Fork, einem 56 km langen und knapp 8 km breiten Streifen Land, befinden. Hier werden ausschließlich Vinifera-Reben angebaut. Chardonnay hält seit langem die Spitze, aber inzwischen entstehen auch von Cabernet Franc, Merlot und Cabernet Sauvignon vielversprechende Weine.

Finger Lakes

Praktisch die gesamte Rebfläche an den Finger Lakes erstreckt sich an den Ufern der drei großen Seen Cayuga, Keuka und Seneca. Hier waren scharf schmeckende süße Weine von Amerikaner Reben die Regel, bis 1953 Dr. Konstantin Frank, ein russischer Emigrant, mit Erfolg Riesling und andere Vinifera-Sorten anbaute.

Heute machen Labrusca-Sorten (insbesondere Catawba, Niagara, Delaware) und französisch-amerikanische Hybriden (Seyval und Vidal Blanc, Cayuga, Chambourcin, Baco Noir und Maréchal Foch) etwa 50% des Rebenbestands aus. Die neueren und unternehmungsfreudigeren Winzer konzentrieren sich jedoch ganz auf Vinifera-Sorten, v.a. die populären Pinot Noir, Cabernet Franc, Cabernet Sauvignon und Merlot; aber auch der Riesling von den Finger Lakes gehört zu den besten seiner Art in den USA.

Lake Erie

Das von den Gletschern auf ihrem Rückzug am Erie-Sees abgesetzte schmale Kies- und Lehmplateau verfügt über ein Klima, das durch die vom Wasserspiegel reflektierte Wärme gemildert wird. Im 19. Jahrhundert gab es hier einen bedeutenden Weinbau, der sich aber von der Prohibition nie ganz erholt hat. Heute entstehen am Erie-See vor allem traditionelle süße Weine von Labrusca- und Hybridreben (Catawba, Niagara, Delaware, Seyval und Vidal Blanc, Cayuga, Baco Noir, Chambourcin, Maréchal Foch). Nur einige Pionierbetriebe führen allmählich Vinifera-Sorten ein.

Hudson River

Das Hudson River Valley ist die älteste Traubenanbauregion der USA. Seit den 1670er Jahren bauten Hugenotten hier Tafeltrauben an, nachdem sie feststellen mußten, daß Vinifera-Reben nicht gediehen. Nach 1877 bildete neben anderen Hybriden die Sorte Dutchess den Grundstein eines kommerziellen Weinbaus, der aber durch die Prohibition vorübergehend zum Erliegen kam. Wiederbelebt wurde er von Mark Miller mit der Gründung von Benmarl Vineyards in den 1960er Jahren.

△

Die Lenz Winery auf der North Fork ist einer der besten Weinbaubetriebe von Long Island und produziert feinen Chardonnay.

Kanada

Im eisigen Quebec kämpfen rund 100 ha Weinberge ums Überleben, und auch in Nova Scotia wächst ein wenig Wein, in der Hauptsache aber ist der kanadische Weinbau in den Provinzen British Columbia und Ontario beheimatet. Auch hier ist er erst vor kurzem in Schwung gekommen. Lange Zeit war der kanadische Wein so dürftig, daß noch bis gegen Ende der 1970er Jahre Restaurants in British Columbia verpflichtet wurden, mindestens zwei Weine der Region auf der Weinkarte zu führen, damit er doch wenigstens von ein paar Leuten einmal probiert wurde.

Seither hat sich vieles zum Besseren gewandelt. Eine neue Generation von Weinerzeugern bemüht sich am Ende des 20. Jahrhunderts um Modernisierung der Weinberge und Kellereien, wobei Qualität den Vorrang vor Quantität hat. Zwar liegt noch ein weiter Weg vor ihnen, doch allmählich beginnt sich ihre Mühe auszuzahlen.

Sowohl in British Columbia als auch in Ontario werden schon seit den 1860er Jahren Trauben angebaut, bis vor kurzem aber dominierten die frostharten Nicht-Vinifera- oder Hybridsorten, weil sie als die einzigen galten, die den extrem strengen Wintertemperaturen gewachsen waren. Die ältesten Vinifera-Weinstöcke wurden 1963 gepflanzt, besserer kanadischer Wein kam aber erst zum Vorschein, nachdem in den 1980er Jahren die Vintners Quality Alliance (VQA) als Herkunftsbezeichnungssystem in Ontario gegründet wurde. In diesem Jahrzehnt rodeten viele ihre zweitklassigen Reben und ersetzten sie durch international gängige Sorten wie Chardonnay Cabernet Sauvignon und Merlot.

Inmitten all dieser Umwälzungen haben die beiden Regionen an einer Weinkategorie festgehalten, die ihnen größten Beifall einbringt, nämlich dem Eiswein, ein intensiver, opulenter Dessertwein, der aus dem hochkonzentrierten Most gefrorener Trauben von Riesling, Chardonnay und der einzigen noch zugelassenen Hybride, Vidal, entsteht. Kanada produziert mehr «Icewine» als irgendein anderes Land der Erde und erringt damit Jahr um Jahr mehr internationale Auszeichnungen.

British Columbia

Mit etwas mehr als 1000 ha ist die Rebfläche von British Columbia nur ein Zehntel so groß wie die von Ontario. Die hiesigen Winzer führen einen mühevollen Grenzkrieg gegen die steppenartigen Verhältnisse hoch im Norden mit Sandboden, dürren Sommern und bitterkalten Wintern. Immerhin genießen die besseren Weinberglagen am Lake Okanagan ein recht mildes Klima. Dieser See erstreckt sich eine Flugstunde von Vancouver als 145 km langer Streifen zwischen grünen Hängen inmitten von weiten, staubtrockenen Gebirgen. Am kühlen Nordende des Okanagan Valley halten sich aromatische Weißweinrebsorten wie Riesling, Pinot Gris, Gewürztraminer und Ehrenfelser, und einige Lagen werden inzwischen mit Chardonnay neu bestockt. Eine Spezialität der Gegend ist auch Pinot Blanc, der in Restaurants in Vancouver als klassischer Partner für Pazifiklachs angeboten wird.

Weiter südlich begegnet man jenseits des Sees Klapperschlangen und Skorpionen in Weinbergen, in denen es so heiß und trocken ist, daß die Winzer diese Lage «The Beach» nennen – hier erweisen sich Rotweinreben, insbesondere Merlot, als vielversprechend.

Ontario

Die Weinbaugegenden Ontarios sind wahrhaft malerisch; das gilt für das historische Pelee Island am Lake Erie wie für die Weinberge auf der Niagara Peninsula, die vor den Extremen des kontinentalen Klimas geschützt sind, weil zwischen dem Ontario-See und den Niagara-Steilhängen Luftströme zirkulieren. Rund 40 Weinbaubetriebe produzieren auf 550 Weinberglagen dreimal soviel Wein wie British Columbia. Das Klima ist durchweg relativ kühl, die Böden sind unterschiedlich.

Ontario konzentriert sich auf Weißwein, v. a. von Chardonnay, der nach und nach Pinot Blanc, Gewürztraminer, Riesling und Vidal verdrängt. Rotwein wird von Pinot Nero, Gamay, Merlot, Cabernet Sauvignon und Cabernet Franc produziert, es mangelt ihm aber mit wenigen achtbaren Ausnahmen an Qualität. Eiswein und Spätlese spielen eine ebenso große Rolle wie in British Columbia.

△
Am Vaseux Lake (British Columbia) stehen Weinreben im Wechsel mit Fichten.

Empfehlenswerte Erzeuger

Kalifornien

Carneros

Acacia Winery – Eine typische Erfolgsstory: junge Kellertechniker mit hohen Idealen, Traubenanbauer als Partner, ein nüchterner, funktioneller Betrieb – das Resultat ist feiner Pinot Noir und Chardonnay, zum Teil aus Einzellagen.

Cline Cellars – Die Familie Cline baute zunächst Trauben an und erzeugte dann auch recht schlichten Wein; da es sich bei ihren Beständen jedoch um Rhône-Rebsorten handelte, waren die Clines bei der «Rhône-Renaissance» von vornherein dabei und konnten sich einen neuen Betrieb in Carneros leisten.

Saintsbury – David Graves und Richard Ward erzeugen seit Anfang der 1980er Jahre so exzellenten Chardonnay und Pinot Noir, daß ihre Weine inzwischen für den Carneros-Stil als mustergültig gelten: charaktervoll und ausgewogen.

Napa Valley

Beaulieu Vineyards – Einer der ältesten und vornehmsten Weinbaubetriebe Kaliforniens, besonders bekannt für Cabernet Sauvignon (Spitzengewächs George de Latour Private Reserve). Jetzt in Konzernbesitz, dadurch ist der klassische Stil des Hauses etwas ins Wanken geraten.

Beringer Vineyards – Der 1876 gegründete Spitzenbetrieb hat auch schon manche Tiefen erlebt. In den 1970er Jahren wurde er vom Besitzerkonzern intelligent renoviert, und ein gutes Kellertechnikerteam führt ihn seither von Höhepunkt zu Höhepunkt. Exzellenter, seriöser Merlot, Cabernet Sauvignon und v. a. Chardonnay.

Clos du Val – Bernard Portet aus Bordeaux ist Franzose vom Scheitel bis zur Sohle, berühmt geworden ist er jedoch als Pionier im Stags Leap District und in Carneros mit hervorragendem Cabernet Sauvignon und Merlot, feinem Pinot Noir und v. a. muskulösem Zinfandel.

Franciscan Vineyards – Der schlichte Betrieb etabliert sich in aller Stille als beständiger Erzeuger stilvoller, süffiger und preisgünstiger Weine, v. a. von feinem Merlot, Chardonnay und Zinfandel.

Frog's Leap – Die Partnerschaft zwischen John Williams und Larry Turley erbrachte mit den feinsten Sauvignon Blanc Kaliforniens sowie exzellenten Zinfandel. Inzwischen arbeitet Kellermeister Williams allein mit diesen beiden Sorten und einem erstklassigen Merlot weiter.

Heitz Wine Cellars – Joe Heitz, einer der Grundpfeiler des Weinbaus im Napa Valley, ist bekannt für eigenwillige Art und vielgepriesenen wuchtigen Cabernet Sauvignon, v. a. den einmaligen Martha's Vineyard.

Robert Mondavi Winery – Einer der berühmtesten Weinerzeuger der Welt ist zugleich ein unermüdlicher innovativer Missionar für Wein und gutes Leben. Er erfand den Fumé Blanc als eigenen Stil, produzierte einen der ersten eichenfaßgereiften Weine Kaliforniens und bereitete der kühlen Gärtechnik sowie ungefilterten Weinen den Weg. Cabernet und Pinot Noir sind bei ihm oft hervorragend, sein Fumé Blanc und Chardonnay zählen zur Spitze. Im Bereich Lodi produziert er unter dem Zweitetikett Robert Mondavi Woodbridge mustergültige Konsumweine.

Mumm Napa Valley – Erzeuger beständig guter Schaumweine, eng verknüpft mit dem Champagnerhaus Mumm; der Besitz umfaßt ausgedehnte erstklassige Lagen in Carneros und im südlichen Napa Valley.

Opus One – Kühn, üppig, teuer – allein schon die Kellerei! Das Gemeinschaftsunternehmen von Robert Mondavi und Château Mouton-Rothschild vereint eine der besten Lagen Mondavis und den Sachverstand beider Partner in einem superben Rotwein auf Cabernet-Basis.

Schramsberg Vor 30 Jahren schuf Jack Davies hier stilvolle Jahrgangsschaumweine von klassischen Rebsorten und hielt mit ihnen jahrzehntelang die Spitze. Unter der inzwischen zahlreich gewordenen Konkurrenz nimmt Schramsberg noch immer einen hervorragenden Platz ein.

Shafer Vineyards Im vielgepriesenen Stags Leap District tritt Shafer für viele Binsenwahrheiten über gute Weine aus Hanglagen und von kargem Boden mit viel Sonnenlicht den Beweis an. Talent und Hingabe helfen mit: Merlot und Cabernet Sauvignon geraten wahrhaft fein.

Stag's Leap Wine Cellars – Der Weinbaubetrieb, der 1976 in Paris den ersten Preis davontrug und damit Kalifornien einen Spitzenplatz in der Weinwelt verschaffte, hat nach wie vor langlebige, höchst empfehlenswerte Cabernets (mehrere aus verschiedenen Lagen) zu bieten.

Sonoma

Dry Creek Vineyards – Dave Stares Betrieb liegt heute mitten in einem blühenden Weinbaugebiet, doch Anfang der 1970er Jahre war er ein einsamer Pionier im Dry Creek Valley. Er machte sich mit stahligem Fumé Blanc einen Namen und ließ dann feinen Cabernet Sauvignon folgen.
E&J Gallo – Die größte Weinkellerei der Welt ist bekannt für saubere, anständige, verhaltene Konsumweine. Heute verfügt sie über den größten Weinbergbesitz im Sonoma County und bringt nun ein Programm hochwertiger Weine auf den Weg. Die Resultate sind unterschiedlich, aber alles ist möglich.
Jordan – Der seinerzeit teuerste je in Kalifornien gebaute Betrieb weckte Erwartungen, die er nie ganz erfüllt hat – immerhin sind einige Cabernet-Sauvignon-Jahrgänge herrlich ausgefallen. Erstklassiger Schaumwein «J».
Kenwood Vineyards – Das 1970 gegründete Familienunternehmen produziert in einem schlichten Holzgebäude rustikalen Rotwein; heute ist es eine mittelgroße, bestens ausgestattete Weinkellerei, nach wie vor ein Familienbetrieb. Hervorragender Zinfandel, Cabernet, Sauvignon Blanc.
Matanzas Creek – Als letzte Nachhut am Rand von Sonoma und immer mehr von wachsenden Vorstädten aufgefressen, produziert dieser Betrieb unbeirrt seriösen, feinen Merlot, Sauvignon Blanc und Chardonnay.
Simi Winery – Zelma Long war als führend unter den amerikanischen Kellermeisterinnen bekannt, als sie den Betrieb übernahm; heute steht sie mit an der Spitze der Kellertechnik Amerikas überhaupt. Unter ihren vielen Weinen ragen Chardonnay und Cabernet hervor.
Williams-Selyem – Ed Selyem und Burt Williams, zwei nüchterne Männer, produzierten früher in einer umgebauten Garage mit den besten Pinot Noir Kaliforniens. Heute besitzen sie eine schöne Kellerei, doch das hat ihnen nicht geschadet. Ihre Produktion ist winzig, aber höchst empfehlenswert.

Mendocino

Fetzer Vineyards – Eine außergewöhnliche Erfolgsstory: Kleiner Weinberg wird zum Familienbetrieb, expandiert rasch, Vater stirbt, die Kinder setzen die Expansion fort, bis sie ein paar Millionen Kisten im Jahr produzieren, organischer Anbau wird eingeführt, das Interesse der Kinder erlahmt, und sie verkaufen den Betrieb für eine Riesensumme. Das Happy-End scheint sicher, denn die Nachfolger halten den hohen Qualitätsstand des breiten Weinprogramms aufrecht.
McDowell Valley Vineyards – Weltabgeschieden, mit Solarenergie betrieben und früher nicht ganz standfest gegenüber Modetrends. Aber die Weinberglage ist gut, und heute liegt McDowell Valley mit dem Rhône-Stil auf dem richtigen Kurs. Üppiger Syrah und Viognier.

Central Coast

Bonny Doon – Randall Grahm, ein exzentrisches Original, aber ein seriöser Weinerzeuger, ist durch saubere Weine im Rhône-Stil am bekanntesten geworden; eigentlich aber ist ein rastloser Sucher mit einer Vorliebe für vernachlässigte Rebsorten. Seine Weine im italienischen Stil kommen aus einem Besitz namens Ca' del Solo in Monterey.
Calera Wine Company – Josh Jensen ist zutiefst Burgunder – er geht nie den bequemen Weg. In seinem kleinen, mit einfachster Technik arbeitenden Betrieb in den weltabgeschiedenen, schroffen Kalksteinbergen der Gavilan Mountains produziert er vollmundigen, kräftigen Pinot Noir.
Chalone – Der Betrieb auf einem Berg über Monterey wurde oft mit einem Kloster verglichen; hier gab es über 10 Jahre lang weder Wasser noch Elektrizität. Die Weine sind wahrhaft burgundisch – dichter, eichenwürziger Pinot Noir und Chardonnay.
Ridge Vineyards – Die letzte Bastion eines einst bedeutenden Weinbaugebiets (Santa Clara über dem Silicon Valley) hält das Banner mit einem der großen Cabernets Kaliforniens, dem Monte Bello, aufrecht. Vielleicht bekannter sind die kraftstrotzenden, sinn-

△
Der legendäre Robert Mondavi aus Napa, Schöpfer des populären Weißweinstils Fumé Blanc und Miteigentümer der Opus One Winery.

lichen, langlebigen Zinfandels von Traubengut aus allen Gegenden Kaliforniens.

Santa Barbara

Au Bon Climat – Jim Clendenen, ein schillerndes Original, produziert in kleinen Mengen Einzellagenweine – herrlichen, langlebigen Chardonnay und robusten Pinot Noir in mehreren Versionen.
Firestone Vineyard – Brooks Firestone, Mitglied der Reifenfabrikantenfamilie, zeichnet sich durch Energie und positives Denken aus. Der Betrieb brachte früher feinen Riesling und Gewürztraminer hervor; seit diese Reben aus der Mode sind, liegt der Schwerpunkt auf süffigem Merlot und Verschnitten im Bordeaux-Stil.
Qupé – Bob Lindquist gehört zu einer Gruppe ausgefallener Betriebe wie Au Bon Climat in Santa Barbara – er vertritt den Rhône-Zweig und produziert sensationellen Syrah aus mehreren Lagen sowie außergewöhnlichen Viognier.

Washington

Canoe Ridge Vineyard – Hauptpartner des neuen Unternehmens sind die Besitzer der Chalone Winery (Kalifornien) und Mitinhaber anderer Besitzungen. Der Betrieb liegt über dem Columbia River in einem etablierten Weinbaugebiet; der Schwerpunkt liegt auf Chardonnay und Merlot.
Chateau Ste Michelle – Der große Kellereibetrieb hat sich verzweigt und einen hohen Qualitätsstand gewahrt, während er in den letzten 20 Jahren zur treibenden Kraft des Weinbaus in Washington heranwuchs. Er verfügt über mehrere tausend Hektar Weinberge und drei Kellereien mit sorgfältig getrennten Funktionen. Die Produktion umfaßt beständig guten Cabernet Sauvignon und exzellenten Merlot und neuerdings immer mehr Einzellagenweine.
Columbia Crest – Die einstige Marke von Chateau Ste Michelle produziert jetzt völlig selbständig relativ preisgünstigen, empfehlenswerten Chardonnay, Cabernet Sauvignon und Merlot.
Columbia Winery – Der heute mittelgroße, mit modernster Technik ausgestattete Pionierbetrieb Washingtons, ursprünglich ein halbprofessionelles Hobbyunternehmen einiger Universitätsprofessoren, wird von dem kanadischen Master of Wine David Lake geführt und produziert hervorragenden Sémillon, Merlot, Einzellagen-Cabernet und üppigen Syrah.
Covey Run – Der von mehreren Weinbergbesitzern als Partnerschaft geführte Betrieb erlebt oft Schwankungen – manche Weine sind hervorragend, die meisten eher schlicht. Alles in allem aber ist die Produktion vielversprechend.
Hogue Cellars – Der als Teil eines großen landwirtschaftlichen Unternehmens geführte Betrieb produziert solide zuverlässige Weine mit festem, klarem Geschmack, v. a. Fumé Blanc, Sémillon, Merlot und Cabernet Sauvignon.
Woodward Canyon – Hier entstehen preisgekrönte Weine in kleinen Mengen, v. a. Chardonnay und Cabernet Sauvignon, meist mit einem Hang zu kräftiger Eichenwürze.

Oregon

Adelsheim Vineyards – Hübsche Zeichnungen schmücken die Etiketten und vermitteln das Bild eines kleinen Familienbetriebs mit handgemachten, stilvollen Weinen. Dave Adelsheim gab seinen Beruf als Banker dafür auf, und sein Pinot Noir und Pinot Gris beweisen durch Eleganz, daß er damit seiner Berufung gefolgt ist.
Archery Summit – Gary und Nancy Andrus kamen aus dem Napa Valley auf der Suche nach schlichteren Freuden im Weinbau und fanden sie in einfachem, kräftigem Pinot Noir.
Benton Lane – Auch Steve Girard und Carl Doumani sind Auswanderer aus Napa; ihre ersten Pinot-Noir-Produktionen zeichnen sich durch solide, vollmundige, recht markante Art aus.
Domaine Drouhin – Als das bekannte und altetablierte Haus aus Burgund sich im Willamette Valley niederließ, waren die Einheimischen geschmeichelt und beeindruckt. Die wenigen Skeptiker haben sich inzwischen durch eine Reihe voller, leicht würziger Pinot-Noir-Weine, die zu den besten Oregons zählen, eines Besseren belehren lassen.
Elk Cove Vineyards – Nach ungleichmäßigen Anfängen als Teilzeitjob hat der Betrieb

jetzt beständigeren Erfolg mit körperreichem Pinot Noir in mehreren Versionen sowie mit frischem Pinot Gris und Riesling.

King Estate Winery – Die Familie King platzte Anfang der 1990er Jahre in die Weinszene von Oregon hinein, kaufte ein 220-ha-Gut in Hanglage, bepflanzte es größtenteils mit Reben, züchtete Unterlagsreben und baute eine ultramoderne Kellerei. Zunächst wurden von zugekauften Trauben stilvolle Weine produziert (Pinot Noir, Pinot Gris, Chardonnay); später folgten feine Gutsweine. Ambitionen, Idealismus und solide Finanzen lassen weiter Gutes erwarten.

Knudsen-Erath – Dick Erath, einer der ersten Auswanderer aus Kalifornien, hat im Lauf der Jahre eine geschickte Hand für ausgewogenen mittelschweren Pinot Noir aus mehreren Lagen in für Oregon mustergültiger Form bewiesen. Ferner produziert er süffigen Riesling.

Montinore Vineyards – Ein grandioses altes Landhaus ziert das große, mit mehreren Rebsorten bestockte Weingut im Norden Oregons. Anfänglich waren die Anstrengungen etwas zu ambitiös und diffus und sind es manchmal immer noch. Pinot Noir und Pinot Gris in guter Standardversion mit deutlichem Verbesserungspotential.

Ponzi Vineyards – Dick Ponzi, einer der Weinbaupioniere Oregons, vereint unermüdliche Wißbegier mit Fleiß und Humor (auf seinem Autokennzeichen steht *capo*, ital. «Chef», und manchmal empfiehlt er seinen Pinot Noir als Begleiter zu Pizza). Tiefer, komplexer Pinot Noir, trockener, straffer Pinot Gris und Riesling im Elsässer Stil.

Rex Hill Vineyards – Das architektonisch interessante Kellereigebäude war früher eine Obstdarre; ein schmucker Probierraum läßt auf seriöse Weinbereitung schließen. Jedes Jahr kommen fünf oder sechs gute bis feine Pinot-Noir-Weine, meist aus Einzellagen, sowie ein ordentlicher Pinot Gris heraus.

Willamette Valley Vineyards – Das als Aktiengesellschaft entstandene große, schöne Weinbauunternehmen liegt an einem Hang mit herrlicher Aussicht; in seinem Probierraum herrscht reger Betrieb. Das Weinprogramm ist verwirrend, manchmal eher anspruchslos. Neuerdings sind Pinot Noir und Pinot Gris besser als erwartet ausgefallen.

New York

Long Island

Bedell Cellars – Der weitgehend als der beste auf Long Island angesehene Betrieb produziert Chardonnay, Cygnet (Riesling/Gewürztraminer-Verschnitt), Merlot, Cabernet Sauvignon, Main Road Red (Merlot/Cabernet-Verschnitt) und Eis (Riesling-Dessertwein). Besitzer und Kellermeister Kip Bedell hat 12 ha Weinberge und bringt jährlich 8000 Kisten hervor.

Duckwalk – Der eine von zwei Betrieben auf der South Fork verarbeitet größtenteils Trauben von der North Fork. Im Besitz von Pindar.

Gristina Vineyards – Der 1983 von der Familie Gristina gegründete Betrieb produziert guten Chardonnay, Merlot, Cabernet Sauvignon und mit den besten Pinot Noir von Long Island.

Hargrave Vineyard – Der erste kommerzielle Weinbaubetrieb der Region hat seit seiner Anfangszeit stark expandiert; Louisa und Alex sind besonders durch Chardonnay und Pinot Noir bekannt geworden. Hargrave Reserve genießt hohes Ansehen.

Lenz Winery – Schön abgerundeter Chardonnay, Cabernet und gelegentlich Pinot Noir. Frische Schaumweine und ein duftiger Pinot Blanc sind Neuerscheinungen.

Osprey's Dominion – Nach ein paar Jahren Flaute ist der Betrieb wieder in Form und produziert achtbare Rotweine. Ein ungewöhnlicher Vorzug ist, daß zum Besitz ein alteingewurzelter Weinberg gehört.

Palmer Vineyards – Einer der größten und erfolgreichsten Weinbaubetriebe in New York produziert ein volles Weinprogramm, u. a. Chardonnay, Sauvignon Blanc und Cabernet Franc.

Paumanock Vineyards – Besitzer und Kellermeister Charles Massoud pflanzte 1983 die ersten Reben. Heute produziert er Chardonnay, Riesling, mehrere Rotweine und in guten Jahren einen großartigen, vollen Chenin Blanc Spätlese.

Pellegrini Vineyards – Einer der besten Erzeugerbetriebe auf Long Island. Üppiger Chardonnay, guter Merlot und Gewürztraminer Spätlese.

△
Zelma Long, die treibende Kraft hinter der Simi Winery, hat in der Kellertechnik in den USA eine Spitzenstellung inne.

Pindar Vineyards – Der größte Betrieb auf Long Island mit 160 ha und über 50 000 Kisten Jahresproduktion; 14 verschiedene Weine von Chardonnay bis zu einem Pinot-Meunier-Schaumwein.
Sagpond Vineyards – Die Stärke des noch jungen Betriebs auf der South Fork ist Chardonnay; Cabernet Sauvignon und Merlot versprechen künftig Gutes. Neu eröffneter Probierraum.

Finger Lakes

Fox Run Vineyards – Der neue Besitzer Scott Osborn und Kellermeister Peter Bell bringen mit die verheißungsvollsten Weine der Region hervor, u. a. Chardonnay, Riesling, Merlot und Cabernet Franc.
Glenora – Der besonders für feine Schaumweine bekannte Betrieb produziert auch guten Chardonnay und Riesling.
Lamoreaux Landing Wine Cellars – Der vielleicht interessanteste Weinbaubetrieb an den Finger Lakes; erstklassiger Chardonnay, Riesling und Pinot Noir entstehen in einer spektakulären Kellerei.
Standing Stone Vineyards – Der erst 1993 gegründete Betrieb hat mit Riesling und Gewürztraminer bereits Auszeichnungen errungen. Cabernet Franc und Merlot nehmen sich vielversprechend aus.
Hermann J. Wiemer Vineyard – Hermann Wiemer produziert an den Finger Lakes schon seit den 1970er Jahren Wein. Seine Rieslinge kommen feinen deutschen Weinen oft nahe.
Dr. Frank's Vinifera Wine Cellars – Der Betrieb, der als erster an den Finger Lakes Vinifera-Weine produzierte, steht heute unter der Leitung von Willy Frank, dem Sohn des Firmengründers. Hier entsteht nach wie vor mit der beste Riesling, Gewürztraminer und Pinot Noir der Region.

Hudson River Valley

Benmarl – Der moderne Betrieb im Hudson Valley produziert eine Reihe von Weinen meist von Hybridreben. Aus den Hanglagen hat man einen herrlichen Blick auf den Hudson.
Cascade Mountain Winery – Der 1977 gegründete Betrieb zeigt in den letzten Jahren mit trockeneren, ausgefeilteren Weinen immer bessere Leistungen. Die meisten stammen von Hybriden, manchmal gemischt mit Vinifera-Sorten. Probierraum und kleines Restaurant.
Clinton Vineyards – Hier entstehen lediglich 1800 Kisten eines frischen, fruchtigen Seyval Blanc.
Millbrook Vineyard & Winery – Einer der besten und innovativsten Betriebe in New York; Besitzer ist John Dyson, ehemals Commissioner of Agriculture im Bundesstaat. Guter Chardonnay, Cabernet und Sangiovese; manche Weine werden von Traubengut aus eigenen Weinbergen Dysons in Kalifornien produziert.

Kanada

British Columbia

Gray Monk – Der altetablierte Familienbetrieb produziert die besten aromatischen Weißweine in BC. Der Besitzer und seine beiden Söhne bleiben Riesling, Pinot Gris und Auxerrois treu, haben aber auch ordentlichen Chardonnay, mehrere Rotweine und köstliche Dessertweine im Programm.
Mission Hill – Der ambitionierte, fortschrittliche, auf internationale Anerkennung bedachte Betrieb erregte 1992 mit der Berufung von John Simes, dem früheren Chefkellermeister von Montana in Neuseeland, zum Teamleiter einiges Aufsehen. Seither sind die Weine von Höhepunkt zu Höhepunkt gelangt; der Mission Hill Chardonnay ist beständig einer der besten in BC.
Quails' Gate Estate – Einer der ältesten Betriebe im Okanagan Valley ist jetzt in großer Form; der bei Croser ausgebildete Kellermeister Jeff Martin aus Australien bringt vollen, komplexen Chardonnay hervor und beweist, was hier vor allem mit Pinot Noir geleistet werden kann.
Sumac Ridge – Harry McWatters, Vorsitzender des örtlichen Weininstituts, leitet sein großes Team bei der Produktion eines breiten Programms, zu dem auch erfreulicher Pinot Blanc, Chardonnay und ein anständiger Schaumwein mit hohem Pinot-Blanc-Anteil gehören. Saubere Rotweine zeigen Fortschritte mit neuen Weinbergen im heißen Bereich «Beach» im Süden.

Summerhill Estate – Schaumweine mit frischem, reinem, fruchtigem Geschmack aus streng organischem Anbau – oder sollte es am Glauben von Guru Stephen Cipes an die energiespendenden Eigenschaften des Ausbaus in frei im Raum aufgesetzten Pyramidenstapeln liegen? Die Qualität ist jedenfalls eindrucksvoll.

Ontario

Cave Springs – Der Betrieb wurde 1986 in der Absicht gegründet, ausschließlich Trauben von den Steilhängen am Ontario-See zu verarbeiten, wo nach Meinung von Angelo Pavan und Robert Summers mit das günstigste Kleinklima in Ontario herrscht. Ihre Weine beweisen, daß sie recht haben, besonders der exzellente Chardonnay.
Chateau des Charmes – Paul Michel Bosc, ein französischer Winzer in der 5. Generation, der in den 1960er Jahren nach Kanada kam, produziert beständig mit die eindrucksvollsten Weißweine Ontarios, v. a. Chardonnay, und auch seine Rotweine von Pinot Noir, Cabernet Sauvignon und Gamay sind nicht zu verachten. Ein hochklassiger Betrieb, der das Beste aus Traubengut von der Niagara Peninsula macht.
Henry of Pelham – Kleiner Betrieb mit 30 ha Weinbergen auf den Hängen am Niagara produziert ein Weinprogramm, in dem milder, reifer Chardonnay die Spitze bildet. Die Rotweine sind weniger eindrucksvoll.
Inniskillin – Der Betrieb, einer der ersten am Niagara, der auch außerhalb Kanadas bekannt geworden ist, wurde 1974 von dem tatkräftigen Unternehmer Donald Ziraldo und dem stillen Perfektionisten Karl Kaiser gegründet. Der internationale Beifall bezieht sich meist auf die superb ausgefeilten Icewines und die Weißweine von Chardonnay, Riesling und Pinot Gris. In kleinen Mengen wird auch Rotwein produziert.
Pelee Island Winery – Der redegewandte, im Rheingau geschulte Walter Schmoranz produziert auf einem Stück Land mitten im Erie-See zwischen Kanada und den USA elegante, aromatische Weißweine, einen milden, erdbeerduftigen Pinot Noir und einen saftigen Gamay/Zweigelt-Verschnitt.
Southbrook Farms – Der ursprünglich dem Obst- und Gemüsebau gewidmete Betrieb begann erst Anfang der 1990er Jahre offiziell mit der Weinproduktion. Besonderen Ruf haben inzwischen ein pfefferiger Auxerrois, ein toastwürziger Chardonnay und ein brombeerwürziger Cabernet Franc; am bekanntesten sind allerdings noch immer die Framboise- und Cassis-Liköre von Southbrook Farms.

△

David Lett beweist seit 1965 im Willamette Valley in Oregon höchste Meisterschaft. Seinen Weißweinen werden Anklänge an Burgund nachgesagt.

Südamerika

EIN MOTOR AUS DER NEUEN WELT mit einer Bedienungsanleitung aus der Alten – so läßt sich das Vehikel des südamerikanischen Weinbaus ganz gut beschreiben. Missionare brachten im 16. Jahrhundert die Weinrebe aus Mexiko in den Süden, und es wurde Wein für die Messe gekeltert. Die *conquistadores* hielten an dieser Tradition fest; eigener Wein war ihnen lieber als die reisemüden Getränke, die aus Spanien herüberkamen. Fügt man dem die Rebenpflanzungen europäischer Siedler im 19. Jahrhundert hinzu, dann erhält man schon einen vielschichtigen Hintergrund. Die Conquistadores des 20. Jahrhunderts sind nun die *flying winemakers*, die dem Kontinent neue Ideen und Techniken bringen. Vom Rio Grande do Sul in Brasilien über Rivera in Uruguay und Mendoza in Argentinien bis zu den üppigen Weinbergen Chiles und hinauf zum Ica-Tal in Peru wird latentes Potential in aufregende Geschmackserlebnisse verwandelt. Es ist nicht nur das Tempo der Entwicklung, das uns Mund und Augen aufreißt, es ist der Gedanke, was wohl noch kommen mag.

▽
Im trockenen Casablanca-Tal in Chile trägt Dunst aus dem Meer zur Entstehung von Qualitätswein bei.

Chile

Nirgendwo ist das physische Potential größer als im Zentraltal Chiles, wo reblausfreie Weinberge sich im Genuß so gut wie immer gleicher Jahrgänge sonnen. Zwischen November und März fällt kein Regen, und warme Tage im Verein mit kühlen Nächten ermöglichen langsame Reife. Trauben zu kultivieren ist in Chile so leicht wie Berge zu zählen, aber Qualitätswein zu produzieren hat sich denn doch als mühsamer erwiesen.

Wie ein begabter Teenager, der keine Lust hat, sein Talent recht auszubilden, brachte Chile noch in den 1970er und 80er Jahren müde, firne Weine hervor, die der Inlandsmarkt gierig aufnahm. Dann aber folgte, angeregt durch Visionäre wie Miguel

Torres, eine Phase der Investitionen, die den falschen Eindruck weckte, daß man schimmernde teure Kellereien braucht, um guten Wein zu machen. Die alten Fässer aus *Rauli*-Holz wurden verbrannt, Edelstahl ersetzte Beton. Obwohl die Qualität eine Stufe höher zu stehen kam, war es aber doch eine falsche Morgenröte der modernen Ära. Erst in den letzten Jahren hat der Weinbau erkannt, daß Fortschritte nur durch die Qualität der Frucht zustande kommen.

Im Weinberg hatten jahrzehntelange Vernachlässigung und zyklisches Roden, Neubestocken und Wiederaushauen ein schlecht gepflegtes Rebsortengemisch hinterlassen. Ganz plötzlich greifen nun Konzeptionen wie Lagenabgrenzung, Laubpflege und geregelte Bewässerung Platz. Und bei besseren Veredelungsunterlagen und niedrigeren Erträgen ist das nunmehr geerntete Traubengut kaum noch wiederzuerkennen.

Gleichzeitig schauen sich die jahrzehntelang durch insulares Denken gehemmten und durch den historischen französischen Einfluß einseitig gelenkten chilenischen Kellermeister mehr in der Welt um und lassen sich auf mehr Experimente ein. Lange Schalenmaischung, Gärung durch wilde Hefen, keine Filtrierung – das sind in vielen Betrieben die erklärten Grundzüge für höherwertige Projekte.

Cabernet Sauvignon und die Weine nach dem Bordeaux-Rezept aus Maipo brachten Chile auf den Weg. Doch in vorderster Front der jetzigen Revolution stehen andere Rebsorten aus neuen Weinbauregionen. Chardonnay und Sauvignon Blanc aus Casablanca, Pinot Noir aus Chimbarongo und Merlot aus Cachapoal – auf diese Verbindungen gilt es zu achten. Und trotz strenger Quarantänevorschriften kommt der Zustrom von italienischen und Rhône-Rebsorten immer mehr in Schwung.

An Abwechslung mangelt es der Weinpalette Chiles allerdings noch sehr, und es bleibt die Frage, ob sich nun ein Bild regionaler Weinstile abzeichnen wird, nachdem die neuen Appellationsgesetze gelten. Derzeit heben sich allein die Weine aus Casablanca mit ihren klaren Konturen und ihrem reintönigen Sortencharakter von der Masse ab. Anderswo sind die Grenzen noch unscharf, und es sind in den einzelnen Regionen eher Unterschiede zwischen Ost und West festzustellen.

Bis sich der hektische Wandel einmal beruhigt und eine Art regionale Hierarchie entsteht, bleibt es sicherer, dem Erzeuger mehr Gewicht als der Lage zu geben. Die rund 50 exportierenden Weinbaubetriebe Chiles scheiden sich bereits in zwei Gruppen: Die eine schwimmt einfach nur mit, während die andere den Boom nützt. Die Pioniere und Innovatoren bieten die Gewähr, daß Chile auch zur Jahrtausendwende noch in der Neuen Welt für den größten Wirbel sorgen wird.

Aconcagua-Tal

Das vom Tafeltraubenanbau beherrschte heiße, trockene Aconcagua-Tal hat nur einen größeren Weinbaubetrieb, Errázuriz Estates. Als im Jahr 1870 Don Maximiano Errázuriz Valdivieso 100 km nordöstlich von Santiago Weinberge anzulegen begann, wurde er wahrscheinlich belächelt. Doch das anscheinend wenig aussichtsreiche Land erwies sich als ideal für den Weinbau, und so wuchs der Besitz schließlich auf 1000 ha an. Der Lehmboden weist gebremste Durchlässigkeit auf, der Aconcagua bietet sich für Bewässerungszwecke an, und die tagsüber wehende Küstenbrise mil-

△
Weinlese im Rapel-Tal. Laubpflegetechniken haben den Weinbau Chiles revolutioniert.

dert die Temperaturen. Ein wichtiger Faktor ist auch die hohe Lichtintensität, die mit einem Durchschnitt von 270 wolkenfreien Tagen im Jahr der Photosynthese günstig ist. Die Rebfläche ist zwar stark geschrumpft, doch das ausschließlich mit Cabernet Sauvignon bestockte Errázuriz-Weingut Don Maximiano bringt beständig einen der besten Rotweine Chiles hervor. Es arbeitet mit beschränkten Erträgen, langer Maischung und bis zu 20monatigem Ausbau in französischer Eiche; seine Weine sind intensiv und würzig, zeigen kräftigeres Tannin als in Chile üblich und eine Struktur, die wenigstens 8 Jahre Flaschenreife verträgt. Neben Casablanca umfaßt Aconcagua als zweite Subregion das auf einer Ebene zwischen den Orten Llay-Llay und San Felipe gelegene Panquehue.

Casablanca-Tal

Noch vor 10 Jahren gab es in Casablanca mehr Kühe als Reben. Heute führt das kühle Tal an der Küste die Weißweinrevolution Chiles an, und solange die Weinfreunde der Welt sich nicht auf Milch umstellen, wird die Viehwirtschaft hier nie wieder sein, was sie damals war. Entstanden aus der Suche eines einzigen Mannes nach einem «chilenischen Carneros», hat das Casablanca-Tal mit seinem unverkennbaren Regionalcharakter diesem nach Vielfalt der Stile strebenden Land ein Beispiel gegeben und das Selbstvertrauen der Kellertechniker Chiles gestärkt.

Wieso aber ist hier die Qualität so gut? Das nur 40 km von Valparaiso entfernte 16 km lange unfruchtbare Tal unterliegt maritimem Klima, das mit kühlen Brisen tagsüber der Sommerhitze die Glut nimmt und die Wachstumsperiode verlängert. Das führt dazu, daß hier die Lese zwei Wochen später liegt als im übrigen Zentraltal und die Frucht größere Intensität und festere Säure erlangt, die dem Chardonnay eine deutliche Zitrusnote verleiht. Aber das ist nicht der einzige Grund für den raschen Aufstieg des Casablanca-Tals. Als Pablo Morane 1982 seine 20 ha Weinberge mit Chardonnay, Sauvignon Blanc und Riesling bestockte, gab es keine weinhistorische Entwicklung, keine traditionelle Anbaupraxis zu berücksichtigen, so daß er und seine späteren Mitstreiter im Anpflanzungsboom von 1989/90 von vornherein die besten Rebsorten nutzen und mit Laubpflege experimentieren konnten.

Allerdings hat Qualität ihren Preis. Weinerzeugung ist in Casablanca viermal so teuer wie etwa im Maipo-Tal. Die wenigen Hilfskräfte verstehen sich eher auf das Melken als das Keltern, Wasser muß aus bis zu 50 m Tiefe heraufgepumpt werden, und zum Schutz des Austriebs zwischen September und November sind modernste Frostschutzsysteme unumgänglich. 1992 wurden 90 % des Ertrags durch zwei Spätfröste vernichtet, und 1993 ging fast ein Drittel zugrunde. In guten Jahren aber zahlen sich Investitionen und Risikobereitschaft aus; davon hat Ignacio Recabarren mehr noch als andere profitiert. Morande war der Pionier, Recabarren aber ist der König des Tals und träumt hier, wo 80 % des Rebbestands auf Chardonnay entfallen, vom Sauvignon à la Cloudy Bay. Sein Weinprogramm Viña Casablanca nutzt nicht nur das Potential der Gegend, es bringt auch neue Töne in das Rebsortenbild der kühlen Region. Ist hier wirklich nur Chardonnay-Land? Wenn man Recabarrens Gewürztraminer und Sauvignon Blanc kostet, kommen einem Zweifel. Und könnten nicht Rotweintrauben hier ebenso gut gedeihen wie Weißweinsorten? Der Viña Casablanca Cabernet Sauvignon und Merlot, aus beschränkten Erträgen gewonnen, scheinen dies zu bestätigen.

Für weitere Pflanzungen ist in Casablanca kaum noch Raum. Es ist einfach zu teuer, das Wasser die Hänge hinaufzupumpen, deshalb dürfte sich die Rebfläche von 1400 ha nicht mehr vergrößern. Dagegen sollten hier bald Kellereien entstehen: Bislang hat nur Champagne Mumm eine Anlage gebaut, wenn aber alle Weine des Tals endlich hier selbst entstehen, kann ein Qualitätsaufschwung erwartet werden.

Maipo-Tal

Die Vorherrschaft des Maipo-Tals im Weinbau Chiles beruht mehr auf Glück als auf günstigen Voraussetzungen. Es liegt in der Nähe der Hauptstadt Santiago, und deshalb bot es sich als Schaufenster an, als die reichen Kupferminenbesitzer im 19. Jahrhundert sich bemüßigt fühlten, mit Weinbergen zu prunken. Zwar hatte Claudio Gay um 1830 bereits eine Rebschule eingerichtet, aber der wahre Gründervater des Weinbaus im Maipo-Tals war Don Silvestre Ochagavia Echazarreta. Er brachte 1851,

△
Sonnenaufgang über den historischen Weinbergen von Viña Errázuriz im Aconcagua-Tal nördlich von Santiago.

kurz bevor die Reblaus in Europa auftrat, Rebenstecklinge aus Frankreich nach Chile und sicherte damit einen Grundstock an unbefallenen Beständen. Dem Beispiel Ochagavias folgten u.a. die Familien Cousiño, Concha y Toro und Undurraga, und mit Hilfe französischer Kellermeister (die durch die Reblaus ins Exil getrieben worden waren) nahm der Weinbau im Maipo-Tal erste Gestalt an.

Obwohl das Tal nach wie vor von den alten Weinbaugiganten beherrscht wird, gibt es hier doch genug Neues, das beweist, daß der Glaube an diese Gegend nicht nur auf historischer Trägheit beruht. Bruno Prats und Paul Pontallier aus Frankreich versuchen es trotz immer näher rückendem Smog ganz in der Nähe Santiagos mit Cabernet, William Fèvre aus Burgund zaubert droben in den Anden-Ausläufern mit Chardonnay, und die Umschau nach Weinberglagen im Küstenbereich um San Antonio hat mehr als nur Versuchscharakter.

In allen Weinbauregionen Chiles stellen Gebirge und Flüsse die Hauptfaktoren dar. Insbesondere entscheidet die Entfernung zu den Anden und den Küstengebirgen über den Einfluß der kühlen Nachtwinde oder der Meeresbrise. Der von Osten nach Westen zum Pazifik strömende Maipo übt große Wirkung auf die Böden aus. Nahe am Fluß ist der Gehalt an Steinen und Salz höher, in größeren Entfernungen herrscht eher Sand vor. Allerdings hat der Begriff Terroir im Herzen der chilenischen Weinerzeuger noch nicht recht Eingang gefunden. Erst in den letzten Jahren ist am Maipo eine ernsthafte Festlegung der Weinberglagen unternommen worden.

Eine Weinprobentour durchs Tal zeigt die Hauptrebsorte und Trumpfkarte Cabernet Sauvignon in vielen Gestalten. In der Nähe der Anden weist der Cabernet zartere Aromen und elegantere Struktur auf. Weiter talabwärts bei Buin findet die Lese bis zu 15 Tage später statt, und die Weine neigen eher zu Wucht als zu Subtilität. Im Westen schließlich, wo die Küstenbrisen die Mittagshitze mildern, bilden Einfachheit und Klarheit der Frucht den gemeinsamen Nenner.

Die Liste der großen Cabernets aus dem Maipo-Tal liest sich wie ein «Who's Who» der Spitzengewächse Chiles: Antiguas Reservas, Casa Real, Magnificum, Don Melchor, Finnis Terra. Alle haben genug Struktur für lange Lebensdauer und doch die

nötige Geschmeidigkeit für frühen Genuß. Die wichtigste Weißweintraube ist Chardonnay; sie erbringt in größeren Höhen und an Stellen, wo der Fluß Kalk aus den Anden angeschwemmt hat, die besten Leistungen. Gute Beispiele kommen aus dem Santa-Carolina-Weingut Santa Rosa (am Rand der Pre-Cordillera); der dominierende Stil ist eher tropisch und gewichtiger als der von Casablanca.

Die Zukunft des Maipo-Tals liegt unter dem drohenden Schatten der expandierenden Hauptstadt. Freilich gibt es Konflikte zwischen dem Glauben der Kellermeister an die Unersetzlichkeit der Frucht aus diesem Tal und den finanzbewußten Unternehmern, die dem rentablen Zug nach Süden folgen möchten.

Rapel-Tal

Wenn man vor 20 Jahren südlich von San Fernando vom PanAmerican Highway nach Osten abbog und dem Surferparadies Pichilemu entgegenfuhr, dann sah man beiderseits der Straße Weinfelder, aber so gut wie keine Kellerei. Heute wird man auf derselben Strecke oft durch Lastzüge voller Edelstahltanks, Druckluftpressen und Eichenfässer aufgehalten. Das Rapel-Tal, früher Traubenlieferant für die großen Kellereien am Maipo, quillt plötzlich über von Boutiquebetrieben, die nun die Frucht in der Region selbst verarbeiten und den Namen Rapel in der Weinbauwelt bekannt machen. Dieses Tal hat sich Pablo Morande für sein 15-Millionen-Dollar-Projekt Viña Morande ausgesucht, das bei Pelequen entsteht.

Die Region Rapel erstreckt sich von Rancagua im Norden bis Chimbarongo im Süden und unterteilt sich in zwei Hauptbereiche: das Cachapoal-Tal und das Colchagua-Tal. Sie wird von Bächen und Bergketten kreuz und quer durchzogen und weist deshalb eine Vielfalt im Kleinklima auf, die den Weinbaubetrieben zugute kommt. Von über 8000 ha Rebfläche im Rapel-Tal sind mehr als 5000 ha mit Rotweinreben besetzt, unter denen Merlot und Cabernet Sauvignon dominieren.

Das Cachapoal-Tal, auf dessen Lehmboden sich der Merlot besonders wohl fühlt, ist die Heimat der größten Anbaufarmen im Zentraltal. Es gibt hier weit weniger Kellereien als im überfüllten Colchagua-Tal, und der größte Teil der Frucht wird an

△
Edelstahl beherrscht die Kellertechnik der Weinkellerei Carmen im heißen Süden des Maipo-Tals.

Concha y Toro und Santa Rita geliefert. Aber auch Viña La Rosa und Viña Gracia bringen aus Lagen um Peumo und Totihue Erstaunliches hervor.

Weiter südlich im Colchagua-Tal heben Casa Lapostolle, Mont Gras und Luis Felipe Edwards mit ihren ersten Weinjahrgängen die Reputation der Gegend. Die Sommertemperaturen liegen hier meist höher als am Maipo, doch halten kräftige Südwestwinde zwischen Januar und März das Quecksilber unter 30 °C. Außerdem ziehen kühle Brisen und Nebel das Tal herauf, und so ist es Cono Sur gelungen, bei Chimbarongo sogar Pinot Noir zu zähmen.

Bislang gibt es im Rapel-Tal noch keinen definierten Weinstil, und außer beim Cachapoal-Merlot sind kaum Bezüge zu bestimmten Rebsorten zu erkennen. Rapel braucht noch Zeit, bis sich der Wirbel beruhigt und ein klares Bild erkennen läßt.

Curico-Tal

Obwohl es erst seit 1996 als eigenständiges Weinbaugebiet geführt wird, hat das Curico-Tal als erstes die Morgenröte der modernen Ära im Weinbau Chiles zu sehen bekommen. 1978 kaufte Miguel Torres die kleine Bodega Maquehua. Bald darauf ließ er Edelstahltanks, Kühlanlagen und importierte Eichenfässer kommen und begann chilenische Frucht in weltläufige Weine zu verwandeln. Inzwischen ist er, der seine Nachbarn damit aufrüttelte, von der Welle der Investitionen und neuen Ideen im Curico-Tal überholt worden. Heute bilden die Weine von Montes, Caliterra, San Pedro und Valdivieso die Speerspitze des chilenischen Angriffs auf die Exportmärkte. Die beiden letzteren Betriebe, beheimatet in Molina bzw. Lontue, haben große Mittel für die Expansion ihrer Weinberge und neue Technologie aufgewendet und in großem Rahmen ausländische Berater hinzugezogen.

Die Region Curico unterteilt sich in das Teno- und das Lontue-Tal; ein großer Teil der Rebfläche erstreckt sich um Sagrada Familia, wo die beiden Flüsse zusammenströmen. Bei den Sommertemperaturen gibt es keine großen Unterschiede zu Rapel und Maipo, vielmehr ist der stärkere Kontrast zwischen Tag- und Nachttemperaturen ausschlaggebend, der im Sommer bis zu 18 °C betragen kann. Der durch sommer-